RETORNO AO CORAÇÃO

A jornada inesquecível
ao encontro de seu Eu Sagrado

Antônio Balsalobre Leiva

Autor de *Vivendo no amor*

RETORNO AO CORAÇÃO

A jornada inesquecível ao encontro de seu Eu Sagrado

L·G·E EDITORA

Brasília, 2010

LGE Editora Ltda.
SIA Trecho 03 Lote 1760
CEP 71200-030 - Brasília-DF
Tel.: 61 3362-0008 - Fax: 61 3233-3771
lgeeditora@lgeeditora.com.br
www.lgeeditora.com.br
www.lojalge.com.br

Editor
Antonio Carlos A. Navarro

Autor
Antônio Balsalobre Leiva

Revisão
Profª Sabrina R. Garcia Balsalobre

Diagramação
Samuel Tabosa de Castro

Impressão e acabamento
LGE Editora Ltda. / Brasília - DF

Dados Internacionais de Catalogação na Publicação (CIP)

Lieva, Antônio Balsalobre
Retorno ao coração - A jornada inesquecível ao encontro de seu Eu Sagrado / Antonio Balsalobre Leiva - Brasília: LGE, 2010.

216 p.

ISBN 978-85-7238-433-9

1. Autoajuda - amor - felicidade. 2. Qualidade de vida. 3. Cristianismo. I. Título.

CDD 158.1

Sumário

Agradecimentos

Minha profunda gratidão, pela gentileza da revisão técnica deste livro, aos Drs. Rafael Augusto Pontes Güércio, *Biólogo pela Universidade Nacional de Brasília (UNB), Mestre em Patologia Molecular e Doutor em Biologia Molecular;* Carlos Cardoso Aveline, *Filósofo, Pró-Reitor da Universidade Internacional da Paz (UNIPAZ);* Geraldo Ananias Pinheiro, *Professor pós-graduado em Direito Público e Assesssor Executivo da UPIS-DF*; Cristiano Rovigatti Leiva, Médico pela Universidade Estadual de Campinas-SP (UNICAMP); e às Dras. Ana Tereza Alves, Psicóloga Clínica; pós-graduada em Bioenergética e Sabrina Rodrigues Garcia Balsalobre, Mestre em Lingüística pela UNESP-Araraquara.

Introdução

"Senhor, não permita que eu passe minha vida procurando fora aquilo que sempre esteve dentro de mim", afirmou certo filósofo. Quando perguntaram a Michelangelo como criava suas esculturas, que chegavam às raias da perfeição, a resposta foi tão genial quanto suas obras: elas já existiam no interior da pedra. Ou seja, o próprio Deus já havia criado Pietá, Davi, Moisés... Seu trabalho consistia apenas em retirar o excesso de mármore que envolvia a Criação.

O ser humano é filho querido do Pai misericordioso, idealizador de todos os mundos, que Ele criou com desvelo e carinho. Fomos, portanto, idealizados num lampejo de amor e criados com base em um pensamento fundamental de Deus. Viemos à Terra com o propósito santo de expandir a ideia do amor. Nosso "eu perfeito" é algo que não precisamos criar, porque Deus já o fez. Trata-se do amor em nosso interior.

Tudo o que Deus criou é bom. Admitir-se o contrário seria considerar que no Criador existe também o mal, o que é impossível. O uso que se faz das coisas é que pode ser bom ou mau. O mesmo fenômeno ocorre na mente humana com relação às interpretações dos fatos. Por exemplo, interpretando erroneamente a Teoria da Evolução, de Charles Darwin, Hitler lançou o mundo numa guerra fratricida. O ditador se baseava, sem humanidade, na ideia da evolução das espécies.

Verificou-se posteriormente que a premissa de Darwin, nessa hipótese, era equivocada. Conforme registra reportagem da revista *Superinteressante*, a árvore de casca rugosa que o cientista pretendia fazer desaparecer para dar lugar a uma outra, mais bela, mostrou-se depois necessária e até mesmo imprescindível para, enxertada — em colaboração, portanto — com outras árvores aí, sim, ensejar a formação de outra espécie mais bela.

Contudo, até mesmo a interpretação desse resultado é discutível, já que o conceito de beleza é eminentemente subjetivo. Cada um vê o mundo segundo os olhos que tem. No filme Sherek II, repetiu-se essa constatação. O Ogro, de aparência tida como horrenda, poderia, no final da história, transformar-se num príncipe encantado. Mas a bela mocinha, a quem cabia a escolha, preferiu que ele continuasse como Ogro. Amava-o e, por isso, ele lhe parecia naturalmente bonito. A mesma constatação pode ser observada nos filmes Titanic, Eduardo, mãos de tesoura, e no imortal O corcunda de Notre Dame. Afinal, tudo o que é tocado pelo amor se embeleza e santifica, passando a revelar a essência que se encontra na alma de toda criatura. Essa essência só pode ser boa, eis que se origina da Inteligência Suprema, que criou tão-somente o bem e o belo.

Depois que René Descartes pronunciou sua famosa frase "penso, logo existo", o mundo ocidental mergulhou num materialismo jamais visto, devido principalmente ao egoísmo, que é a raiz de todos os males, segundo o Apóstolo Paulo. Posteriormente, porém, foram surgindo estudos sobre Inteligência Emocional, Inteligência Multifocal, Inteligência Espiritual etc, que conduzem à constatação de que o ser humano é indivisivelmente constituído de corpo, mente e espírito e que, do pensamento, da inteligência e da intuição se originam os sentimentos, as imagens e as emoções. Além disso, o homem está indissociavelmente ligado a todos os seres do Cosmo e ao Criador.

Somos dependentes de Deus e interdependentes com todos os seres da Natureza. Por isso, diz-se que somos anjos de uma asa só; precisamos da asa de nosso irmão para poder crescer. Quando alguém retira uma flor de um jardim, está alterando todo o Universo. A falsa ideia da separatividade, que tomou corpo especialmente depois de Descartes, levou o Ocidente a uma busca desesperada do TER, esquecendo-se de que a essência, o valor real, está no SER, que é sagrado. Surgiram assim guerras no interior das pessoas; guerras entre elas e guerras entre as nações. Conflitos de toda espécie.

Urge, portanto, que a Humanidade empreenda o retorno ao coração. Os islamitas com seus gestos de se ajoelharem, abaixando as cabeças, demonstram que o coração deve ser posicionado na parte superior do ser humano e imperar a partir daí, comandando o todo. Isso não significa que devemos desprezar os outros atributos, como a razão, a mente, o corpo e a personalidade, mas sim que tudo deve permanecer subordinado ao espírito, sob o comando do coração, ou seja, do amor.

No Oriente, a ideia da unidade jamais foi esquecida e a boa notícia é que, de algum tempo para cá, ela vem sendo descoberta também no Ocidente. Com isso, vão se criando as condições para que o mundo empreenda, de fato, esse retorno ao coração. Carlos Castaneda, citado por Celso Delmanto (2001), referindo-se ao amor, sintetizou com maestria essa diretriz, apontando as veredas da paz e da felicidade: "Tem este caminho um coração? Se tem, o caminho é bom. Pode segui-lo. Se não tem, abandone-o. Porque não serve para nada".

Bem antes de Castaneda, por volta de 1.210 d.C, Francisco de Assis, o Santo da Natureza, já constatara a unidade e cantava maravilhado: "...Doce é sentir, em meu coração, humildemente, vai nascendo o amor. Doce é saber: não estou sozinho... sou uma parte de UMA imensa vida...".

Brasília, Outono de 2010

PARTE I

DESCOBRINDO NOSSAS POTENCIALIDADES

1.1

Um tesouro que já nos pertence

Descobrir nada tem a ver com construir ou inventar. Trata-se, isto sim, de desvendar, descortinar e revelar algo que já existe. Fomos e sempre seremos vencedores. Na corrida para chegar a este deslumbrante Planeta Azul, cada um de nós se encontrava entre os quarenta milhões de sementinhas que queriam vir à luz. Mas fomos nós os escolhidos para vencer a corrida, designados para mostrar nossa face ao mundo. Vencemos também todos os embates que o mundo nos apresentou, tanto é que permanecemos vivos. Passamos por milhares de dificuldades, acertando, errando, sofrendo, rindo, chorando, caindo, levantando. Contudo, de uma forma ou de outra, todos os obstáculos foram superados. Permanecemos aqui, contemplando as emocionantes belezas que nos envolvem.

Nas batalhas que se desdobram entre o bem e o mal, o bem prevaleceu, prevalece e prevalecerá sempre. Porque, se assim não fosse, a raça humana já teria sido varrida da face da Terra, tal a quantidade de ameaças que pairam sobre o Planeta. Essa preservação se deve aos seres mais conscientes, que empenham todos os esforços para manter, reconstruir e valorizar a vida.

1.2

A torcida quer preservar nossa vida e deseja que sejamos felizes

Essa realidade pode ser constatada a cada momento. Quando alguém cai numa calçada, por exemplo, a solidariedade se manifesta e surgem prontamente voluntários para ajudar e prestar o socorro que a situação requer. Além disso, perguntam se está tudo bem, se a vítima do acidente precisa de algo mais. Assim, estão manifestando simpatia e carinho, fatores importantes para a recuperação física e emocional. Quando alguém é acidentado, e sua vida se esvai lentamente, pessoas o cercam e ajudam o quanto possível, num desejo mudo e numa torcida comovida, às vezes até acompanhada de preces, para que se salve. Caso pereça, ficam por ali, tributando uma silenciosa e comovida homenagem. Isso também ocorre, e com frequência, entre os animais considerados irracionais. Os elefantes, por exemplo, sensibilizam-se a ponto de velar o esqueleto de seus parentes.

Um amigo nosso, certa vez, viajava num pequeno bimotor, que entrou em pane quando sobrevoava a floresta

Amazônica. O piloto fez contato com a torre de Manaus, que suspendeu as aterrissagens das outras aeronaves, preparando o aeroporto para a descida de emergência. O fato foi comunicado aos passageiros daqueles aviões que estavam no ar, informando o motivo do atraso. Depois da luta de vida ou morte travada entre o experiente piloto e sua máquina defeituosa, finalmente conseguiram pousar. Os três ocupantes estavam ilesos, porém extremamente assustados. Ato contínuo, pousou um daqueles aviões de carreira e dele desembarcou uma senhora idosa, que veio apressada ao encontro de meu amigo, dizendo-lhe carinhosamente: "Durante seus momentos de aflição eu estava orando por você e pelos seus companheiros, pedindo a Deus que não os deixasse perecer".

Há tempos, presenciei uma cena inesquecível quando dirigia rumo a minha residência, no Lago Norte, em Brasília, à hora do almoço: na pista de conversão, um veículo havia abalroado outro. O dono do carro amassado vociferava raivosamente, em pé e de dedo em riste, contra o outro motorista. Este, por sua vez, segurava em sua mão direita um ferro redondo e maciço, de cerca de um metro de comprimento, que sustinha acima da cabeça do outro, pronto a desferir o golpe letal. Porém, um terceiro motorista, que acabara de estacionar seu veículo (à frente do meu), postou-se entre os briguentos. Ouvi-o dizer: "vocês não vão fazer isso, não é possível. Por tão pouco!" Saí comovido e acreditando mais no ser humano. Outro exemplo marcante ocorreu quando um governador de estado brasileiro se dispôs a conversar, pessoalmente e sozinho — e efetivamente o fez — com o criminoso que havia sequestrado a filha do apresentador Sílvio Santos. Os exemplos de solidariedade não têm fim.

É bem verdade que há registros de casos isolados em que, aparentemente, prevaleceu o mal: presenciei um desses acidentes na cidade de São Paulo, próximo ao Fórum João Mendes, onde acompanhava processos na condição de advogado. Tratava-se de um assaltante que havia sido alvejado por alguém. Ele estava caído do lado de dentro de um edifício, algemado, logo depois do grande portal de vidro, que se encontrava fechado. O porteiro, de seu posto de trabalho, olhava impassível para o corpo caído. Do lado de fora, havia se formado pequena multidão e muitos, que ali estavam, gritavam: "deixa morrer, ele merece, esse ladrão cretino." Doeu na alma. Saí quase desorientado, dei a volta na quadra para me acalmar, passei de novo por lá e a cena continuava a mesma. Então, a maldade também existe, pelo menos até que seus praticantes caiam em si e percebam o mal que estão fazendo, em especial contra eles mesmos, fato que ocorrerá mais cedo ou mais tarde, em algum momento da jornada de suas almas. Os psicopatas, por exemplo, na medida em que agem sem amor pelo próximo, deixam um rastro de dor por onde passam e nem sequer sentem remorsos. (Revista *NeuroCience*, novembro de 2009).

Por isso, precisamos ser cuidadosos, em primeiro lugar para não alimentar o mal e, em segundo, para nos desviar quando ele aparecer. Talvez seja esta a razão da recomendação bíblica no sentido de que é melhor acreditar em Deus do que no homem. Entretanto, o ser humano é capaz até de heroísmos quando circunstâncias, por vezes extremas, apresentam-se e seus corações são tocados pelo amor e pela compaixão. A diferença está no fato de que quando estamos vivendo o amor, estamos salvos, estamos no paraíso. Quando vivenciamos seu oposto, isto é, ódio, rancor, mágoa, ressentimento, egoísmo e medo, nos sentimos perdidos, afastados de Deus, na escuridão. Mas nenhuma das criaturas de Deus, em qualquer dos reinos da Criação, pode ser má em sua essência imortal. Porque Deus não criou o mal.

Certo chefe indígena, revelando sua sabedoria natural, respondeu ao repórter que lhe perguntara sobre o bem e o mal: "dentro de mim existem dois cães: um manso, dócil, amigo. O outro, bravo, irritado, violento. Eles estão sempre brigando." Ao que o entrevistador acrescentou: "qual deles vai vencer?". Resposta do índio: "Aquele que eu alimentar." Eis uma diretriz válida para todos.

1.3

A prova de que Deus criou somente o bem

Surgiam os primeiros clarões do Século XX quando um professor, ateu, desafiou seus alunos com a seguinte pergunta:

— Deus criou tudo o que existe?

O jovem mais valente da turma respondeu afirmativamente. Mas não era aquela a resposta que o "mestre" pretendia. Por isso, insistiu na pergunta. O aluno também insistiu na resposta.

— Sim, senhor.

Então o professor, agora satisfeito, lançou um desafio:

— Se Deus criou tudo, então Deus criou o mal, pois o mal existe e, partindo da premissa de que nossas obras são reflexos de nós mesmos, conclui-se que Deus é mau.

O jovem, agora temeroso diante da postura incisiva e aparentemente vitoriosa do mestre, ficou calado, para regozijo do inquiridor, que julgou ter demonstrado à classe, mais uma vez, que a fé não passava de um mito.

Entretanto, outro estudante, levantando a mão, disse:

— Posso fazer uma pergunta, professor?

— Lógico que sim, respondeu ele.

O jovem ficou de pé e perguntou:

— Professor, existe o frio?

— Que pergunta é essa? Lógico que existe ou, por acaso, você não sente frio?

O rapaz respondeu:

— Na verdade, senhor, o frio não existe. Segundo as leis da Física, o que consideramos frio, na realidade, é a ausência de calor. Todo corpo ou objeto é suscetível de estudo quando possui e transmite energia. O zero absoluto é a ausência total e absoluta de calor. Todos os corpos ficam inertes, incapazes de reagir, mas o frio não existe. Nós criamos essa definição para descrever o que sentimos quando não temos calor.

— E a escuridão, existe? Continuou o estudante.

Diante da resposta afirmativa, argumentou:

— Novamente comete um erro, senhor! A escuridão também não existe. A escuridão, na verdade, é a ausência de luz. A luz pode ser estudada, a escuridão não. Existe até o prisma de Nichols para decompor a luz branca nas várias cores de que está composta, com suas diferentes longitudes de ondas. A escuridão não. Um simples raio de luz atravessa as trevas e ilumina a superfície em que incide. Como alguém pode saber quão escuro está um espaço determinado? Com base na quantidade de luz presente nesse espaço, não é assim? Escuridão é uma definição que o homem desenvolveu para descrever a ausência de luz.

Finalmente, voltando à questão inicial, o jovem perguntou:

— Senhor, o mal existe?

O professor respondeu:

— Claro que sim, lógico que existe, eu disse desde o começo que vemos estupros, crimes e violências no mundo todo, essas coisas pertencem ao mal.

Mas o estudante insistiu na linha de raciocínio.

— O mal não existe, senhor, pelo menos não existe por si mesmo. O mal é simplesmente a ausência de Deus. É o mesmo dos casos anteriores: o mal é uma definição que o homem criou para descrever essa ausência de Deus. Deus não criou o mal. Não é como a fé ou como o amor, que existem como existe o calor e a luz. O mal é o resultado de a humanidade não ter Deus presente em seu coração. É como acontece com o frio quando não há calor, ou com a escuridão quando não há luz.

O professor, depois de balançar a cabeça, ficou calado. (Artigo baseado em matéria veiculada pela Internet).

O nome do jovem era **Albert Einstein**, rotulado por seus professores daquela época como um aluno medíocre. Entretanto, depois de publicada sua insuperável Teoria da Relatividade (1905), passou a ser considerado o maior cientista de todos os tempos. Desde a adolescência, Einstein já demonstrava sua fé em Deus, que jamais omitiu. Ao contrário, fez questão de divulgar. Também nesse aspecto mostrou-se genial, porque na atualidade até mesmo a Física Quântica tende a aceitar, referendar e abraçar o axioma da existência do Pai Eterno.

1.4

O início da vida: um poema de amor

Augusto Cury (2007, p.15-18), psiquiatra paulista, em seu livro *Treinando a emoção pra ser feliz*, escreveu um belíssimo poema sobre a paixão pela vida:

> Se um dia faltar amor por você mesmo, se em algum momento sua autoestima estiver fragilizada, lembre-se de que você viveu o maior romance da história. Você era incompleto e imperfeito. Sua vida só seria completa e perfeita se encontrasse a célula de sua vida. Nunca você dependeu tanto de outro ser para existir. Quando nem ao menos tínhamos emoções para amar, apaixonamo-nos pela outra metade. Não a conhecíamos, nunca a ouvimos nem havíamos visto sua imagem, mas já a amávamos. Foi um amor arrebatador, um "amor genético", a mais louca e intensa experiência da natureza. Cruzamos mares e oceanos sem medo de fracassar, escalamos penhascos altíssimos sem medo de desabar.
>
> Nós nos tornamos os mais arrojados astronautas. Procurávamos o quê? A "lua do óvulo". Era quase impossível atingi-la. Tínhamos de seguir longa e sinuosa trajetória no universo do útero. E, o que era pior,

não tínhamos nave espacial e nem uma equipe de base para nos apoiar. Estávamos sós num mundo estranho, movidos pelo amor ao milagre da vida. Partimos sem ter chance de voltar e começar tudo de novo. Nunca lutamos tanto por nós mesmos. Em nenhuma outra época tivemos tanta autoestima, sem consciência de tê-la. Tornamo-nos os maiores empreendedores da história. Elegemos um alvo e estabelecemos diversas prioridades e diversos procedimentos para atingi-lo.

[...] Na caminhada até o óvulo, os últimos momentos foram dramáticos. Estávamos sem energia. Nossas forças se esgotavam. Não iríamos conseguir. Viveríamos mais alguns minutos e morreríamos como milhões de outros soldados na grande guerra da vida. No último instante, quando nos arrastávamos ofegantes, de repente vimos a mais bela imagem. O óvulo brilhando à nossa frente. "É a minha outra parte!". Não podíamos estar enganados. Não tínhamos uma mente, não conhecíamos o mundo das ideias e nem o universo das emoções. Se tivéssemos, talvez teríamos uma conversa com a outra célula que nos completaria: Fui pisoteado, pressionado e esmagado. Passei por vales tenebrosos, escalei montes altíssimos e nadei oceanos para chegar aqui. Arrisquei minha vida para encontrar você. Consumi todas as minhas energias só para dizer-lhe uma coisa: não posso viver sem você.

Creia, você viveu o maior romance da história. Por isso, nunca se diminua, nunca considere a sua vida sem valor, nunca pense que você não lutou por você mesmo. Se hoje, por algum motivo, você estiver com sua autoestima baixa, você está sendo incoerente com sua história. Você lutou por sua própria vida até às últimas consequências.

1.5

Cada um de nós é único no Universo. Festejemos essa singularidade

Estatísticas apontam para uma astronômica cifra, superior a oitenta e dois bilhões, em relação ao número de seres humanos que já passaram por nosso Planeta, deixando por aqui, de uma forma ou de outra, as marcas de suas personalidades e de seu ser. Fisicamente, porém, nenhum era igual ao outro. Isso significa que ninguém que viveu, vive ou viverá na Terra ou em qualquer lugar do Cosmo é igual a você. Muitos fatores definem essa individualidade como, por exemplo:

I – A impressão digital, que começa a se formar por volta do sexto mês de vida intrauterina. É a primeira parte da pele do corpo humano a formar-se e a última a desaparecer, depois da morte. Tanto é definidora da individualidade, que ensejou a criação da Datiloscopia, técnica amplamente utilizada pelos meios científico-periciais, médicos e jurídicos, para fins de identificação.

II – A íris, membrana diafragmática que define a coloração dos olhos, também é única em cada ser. Prova disso é que hoje podemos observar, em caixas eletrônicos de alguns bancos, a existência de espaço destinado à colocação de câmera que permitirá a leitura ótica da íris, como traço identificador.

III – A voz é outro elemento definidor dessa individualidade. Depois de formada em definitivo, após a puberdade, não muda mais de tonalidade. Prova disso é que certos apresentadores de televisão, famosos, detentores de vozes privilegiadas, tiveram seus rostos afastados da tela, mas suas vozes continuam no fundo das matérias jornalísticas mais importantes. Assistimos no Teatro Nacional de Brasília a uma das últimas apresentações do inesquecível cantor Nelson Gonçalves. Aos setenta e seis anos, sua voz continuava perfeita, inigualável.

IV – A personalidade, do grego "persona", ou máscara, é a identidade que tantas vezes assumimos neste mundo, especialmente após o segundo ano de vida, quando o bebê adquire a sensação de estar separado da mãe. Depois, descobrimos que sua noção de união, com a mãe, e com todo o Universo, não estava errada. Até porque, para estabelecermos relacionamentos autênticos, precisamos retirar nossas máscaras.

Com efeito, cada vez que coloco uma máscara para esconder minha realidade, fingindo ser o que não sou, faço-o para atrair e para agradar alguém — em busca de amor, portanto. Mas logo descubro que só atraio outros mascarados, distanciando-me deles em seguida, exatamente devido à máscara. Faço-o para evitar que os outros vejam minhas debilidades, mas logo descubro que, ao não verem minha humanidade, os outros não podem querer-me pelo que sou, senão pela máscara. Faço-o para preservar minhas amizades, mas logo descubro que, quando perco um amigo, por ter sido autêntico, na realidade ele não era meu amigo, mas sim, da máscara que eu ostentava.

Faço-o para evitar ofender alguém e ser diplomático, mas logo descubro que aquilo que mais ofende as pessoas das quais quero ser mais íntimo é exatamente a máscara. Faço-o convencido de que é a melhor forma para ser amado, mas logo descubro o triste paradoxo — o que mais desejo obter com minhas máscaras é, precisamente, o que não consigo com elas.

Portanto, sendo nós mesmos, agindo com naturalidade, cordialidade, prudência e bom-senso, aí sim, estaremos abrindo espaço para relacionamentos respeitosos, imprescindíveis para vivências cordiais, amorosas, profícuas e felizes.

V – O genoma, conjunto de genes que compõe cada ser vivo, também é definidor dessa singularidade, por ser próprio de cada indivíduo. Único, portanto. É composto por células que, por sua vez, contêm o DNA — a marca registrada de cada um. Trata-se da vida dentro da vida, como ensina o médico Carlos Fragomeni, de Brasília.

O cientista brasileiro André Nóbrega Pitaluga, que desenvolvia suas pesquisas sob patrocínio da Fundação Oswaldo Cruz, no Rio de Janeiro, é um dos maiores especialistas mundiais no estudo do genoma humano. Ele ensina que, efetivamente, cada ser vivo tem seu conjunto específico de genes. Mas que certos tipos de genes, os de melhor qualidade, chamados vencedores, estão presentes em muitos seres. Com o bom humor próprio dos cariocas, o Dr. André associa esse fator ao ditado futebolístico "em time que está ganhando não se mexe".

Jean-Yves Leloup (2002) imaginou interessante metáfora para definir a individualidade — somos tecelões e somos tapeçaria. "Cada tapeçaria está representando um sonho; todos os elementos que o compõe somos nós mesmos e cada elemento da tapeçaria também é nossa própria representação". Precisamos, portanto, conhecer os fios dos quais somos constituídos. Não costumamos ver o mundo como ele é. Por isso, é importante não considerarmos nossa percepção como sendo a expressão definitiva da realidade, para não ficarmos tentados a impô-la ao próximo. Nossa vida é pautada mais pela índole do nosso próprio olhar do que pela realidade objetiva.

Assim, esse olhar pode ser maldoso ou benevolente, mas não somos aquilo que vemos dentro dessas perspectivas. Entretanto, muitas vezes nos identificamos com aquilo que os outros veem em nós. Por isso, temos de nos libertar de todos esses tipos de olhares que nos perscrutam, para podermos ser livres. Precisamos colocar entre nós e tais olhares a unidade, o olhar que não é nem físico, nem psíquico, mas sim o olhar de discernimento. Porque ansiamos pela verdade, pela perfeição, e temos necessidade dela. Não fosse a misericórdia, não poderíamos progredir em direção à verdade.

Portanto, assumir a nossa percepção de realidade pela realidade ontológica é uma forma de idolatria. Porque é ilusão pretender que aquilo que a gente vê seja sempre real. O visível costuma nos impedir de ver o invisível, já que o invisível não se vê, sente-se. Conservar o olhar e a inteligência abertos e o coração receptivo representa a ponte para a unidade. Trata-se do olhar que evita nos enclausurarmos no conhecido; é essa visão clarificante que precisamos desenvolver para modificar o mundo; o contato com o que vem de dentro, o Sujeito da vida, do discernimento. O escritor e filósofo Antoine de Saint-Exupèry (2006) intuiu essa circunstância e a expressou em seu imortal *O pequeno príncipe*: "O essencial é invisível aos olhos; só se vê bem com o coração."

Jean-Yves (2002) ensina também que a glândula pineal, situada no corpo caloso, o chamado terceiro olho, é capaz de ver o visível e o invisível. A realidade una se acessa de diferentes formas, porém não podemos apreendê-la completamente com os olhos. É única, mas se apresenta em diferentes níveis e o que chamamos de olho atravessa tais níveis de realidade. Trata-se do olhar da integração, que percebe a unidade e está presente em todos os níveis dessa realidade. É a partir do melhor de nós mesmos que podemos perceber o melhor que existe dentro do próximo. Nunca vemos as coisas exatamente como elas são. Somos vistos e vemos por meio de projeções, nossas atrações ou repulsas, por meio das memórias que carregamos. A visão do sagrado, portanto, pressupõe ver as coisas com um olhar vazio de memórias.

Somos convidados a participar de uma única realidade, que é a consciência existente em todos os níveis da verdade ontológica, integrando todos os reinos. A integração de nossas funções, incluídos os cinco sentidos nos leva a integrarmos em nós mesmos as polaridades. Isso significa unidade.

1.6

Somos partes de uma imensa vida

Nos genes chamados vencedores, presentes em todos os seres vivos — não só em humanos — já podemos perceber os traços da UNIDADE. Assim, se fisicamente somos seres individuais, inconfundíveis, espiritual e afetivamente somos partes integrantes da imensa vida. Espiritualmente, porque na qualidade de seres criados à imagem e semelhança de Deus, somos seus filhos, portadores, por isso mesmo, do DNA do Criador. Esse mesmo fenômeno ocorre em todos nossos irmãos, daí porque tanto eles quanto nós, temos em nosso interior, na região mais íntima do ser, o Eu Sagrado, o *Self* ou Espírito, o elo que comunica com Pai, do qual somos partes integrantes, ainda que numa proporção infinitesimal.

Os orientais sempre tiveram consciência da unidade. Tanto é assim que os antigos praticantes de artes marciais dirigiam a seu oponente o seguinte pensamento — "Eu e você somos um; logo, você não pode me vencer". No Ocidente, alguns seres iluminados, percebendo tal fenômeno, empenharam-se em difundi-lo. Eles sabiam que é na ilusão da separatividade, a qual conduz ao egoísmo, que se encontra a raiz de todos os males, como afirmou também Sidharta Gautama, o Buda. Dessas ilusões emanam, pois, sentimentos destrutivos como o egoísmo e seus consectários, ódio, raiva, ira, rancor, mágoa, ressentimento, ganância e outros. Distorções que são alimentadas diariamente pela maioria dos meios de comunicação, os quais incentivam a competição, a vaidade, o consumismo e a gula. Usam de todos os meios para vender produtos, ainda que tais mercadorias não nos sejam necessárias e muito menos, essenciais. Esses bens, por sua vez, vão realimentar o círculo vicioso, na medida em que provocam mais desejos de posse e de competição.

Portanto, a mídia, pela maioria de seus órgãos, atua com funções desvirtuadas. Deveriam, por imposição constitucional, promover e divulgar cultura, lazer, educação, saúde, em resumo, o respeito pela vida. Mas, objetivando nos convencer a consumir, valem-se até mesmo dos meios científicos mais sofisticados disponíveis, tais como os psicológicos, os filosóficos, os físicos, os sonoros... Utilizam até conhecimentos da cultura hinduísta, como as regiões energéticas do corpo, denominadas "chacras", para nos incutir a falsa ideia de que não podemos deixar de comprar. O sentido da unidade, que afasta tais distorções, porém, é realidade imutável. Compreendê-lo, adotá-lo e vivê-lo constitui-se em pressuposto para empreendermos o necessário retorno da razão para o coração.

Dentre os seres iluminados do Ocidente que captaram e vivenciaram a unidade, sobressai o inesquecível Francisco de

Assis. Estatura pequena (pouco mais de um metro e sessenta), humilde, sempre pronto a servir, alegre, profundamente respeitoso, mergulhado no amor incondicional, deixou um exemplo que o tempo jamais conseguirá apagar. Ele viveu por volta de 1210 d.C., na região de Assis, Itália. Desde então passou a ser admirado por todos, extrapolando os limites conceituais de cada religião. Todos o respeitam profundamente, a ponto de ter sido eleito, no alvorecer deste Século, como *o homem do milênio.*

Experimentava frequentemente situações de êxtase, mergulhado num profundo amor a Deus. Vivia intimamente ligado a Jesus Cristo, a quem queria imitar a todo custo e cujos sofrimentos ansiava fossem repetidos em si mesmo. Os estigmas que lhe surgiram provam que suas preces foram atendidas. Nesses momentos de encantamento, também compunha poemas, alguns transformados em músicas, que continuam enternecendo a todos que as ouvem, uma vez que promovem a sintonia de cada ser com o Eterno. Amante de todas as criaturas, às quais chamava de irmãs, escreveu:

> Doce é sentir, em meu coração...
> Humildemente, vai nascendo o amor.
> Doce é saber: não estou sozinho:
> Sou uma parte de uma imensa vida.
>
> Que generosa, reluz em torno a mim,
> Imenso dom do Teu amor sem fim.
> O céu nos deste e as estrelas claras,

Nosso irmão sol, nossa irmã, a lua.
Nossa mãe terra, com frutos, campos, flores.
O fogo e o vento, o ar e a água pura,
Fonte de vida de toda criatura.
Imenso dom de Teu amor sem fim...

(*Cântico das criaturas*).

Depois de Jesus Cristo, Francisco parece ter sido quem mais experimentou a sintonia e a unidade com todos os seres vivos. A todos chamava de irmãos, ciente de que o Criador estava também presente neles. Irmão Sol, irmã lua, irmãs estrelas, irmão fogo, irmã água... irmã morte. Sua conduta, porém, afrontou a sociedade egoísta da época, o capitalismo selvagem que não difere muito do atual, na medida em que fabrica armas, cigarros, drogas e tantos outros artefatos que atentam contra a vida. A mesma ganância daquele que busca o lucro desmedido e, por isso mesmo, imoral. Porém se, para alguns, Francisco era duramente repudiado, por tantos outros era admirado como se fosse um pai, a ponto de largarem tudo para segui-lo. Foi esse mesmo repúdio da sociedade que, provocando em Francisco forte depressão, fez com que se aproximasse e se identificasse com a Mãe Natureza. Mergulhando nas maravilhas da Mãe-terra e no reluzir do firmamento, sensibilizou-se com sua doçura e se irmanou a elas. Pareciam um.

1.7

Sem fronteiras para amar

Francisco comprovou que quem olha para o ALTO não vê fronteiras. Não há limites para o amor: nem nas delimitações territoriais traçadas pelo homem; nem na diversidade das espécies; nem na peculiaridade física de cada um. Exatamente porque somos partes integrantes e inseparáveis de *uma* imensa vida. Toda criação é proveniente da vontade amorosa de Deus e, por isso, somos sensíveis ao amor. Podemos, portanto, descobrir amigos e irmãos até mesmo naqueles que nos parecem hostis, agressivos, antipáticos ou incômodos.

Por volta do ano 1220 d.C., nos arredores da cidade de Gubbio, perto de Assis, quando por ali passava, Francisco ouviu do povo aflito a história do lobo que disseminava o terror na região. O animal atacava tanto ovelhas quanto seres humanos. Francisco, amigo dos animais e compadecido do povo, resolveu procurar o lobo. Encontrando-o, antes do contato fez o sinal-da-cruz, orou e depositou sua confiança em Deus. As pessoas do lugar, precavidamente, o acompanhavam a distância. Ele, então, chamou a fera e disse:

— Vem cá, irmão lobo, ordeno-te, de parte de Cristo, que não faças mal nem a mim nem a ninguém.

O Santo foi ao encontro do animal na condição de amigo. Assim, sua bondade e sua atitude pacífica agradaram ao lobo que, cabisbaixo, dele se aproximou. Mais parecia, agora, um cordeiro. Francisco acrescentou:

— Irmão lobo, sei que tu destróis animais e até seres humanos, criaturas de Deus... Toda gente desta terra te é inimiga, mas quero fazer a paz entre ti e eles. Tu não os ofenderás mais e eles te perdoarão todas as tuas faltas passadas. Nem os homens nem os cães te perseguirão daqui para frente. **Receberás, a cada dia, o alimento necessário**. Eu serei fiador de tudo! Concordas com isso?

Diz a lenda que o lobo, levantando a pata direita, colocou-a na mão de Francisco em sinal de aceitação do pacto.

Enternecido, o povo de Gubbio louvava a Deus por ter operado maravilhas por intermédio de Francisco. Depois disso, o lobo viveu ainda durante dois anos por ali. Não fazia mal a ninguém e ninguém lhe fazia mal. Nem os cães ladravam para ele.

A atitude do Santo, que compreendeu o porquê da violência do lobo (estava com fome), oferecendo-lhe alimento, bem poderia servir de diretriz para o mundo de hoje. Entretanto, os jornais de 13/06/2006 estampam a informação, chocante, de que o dinheiro destinado em 2005 para despesas militares superou a astronômica soma de um trilhão e cem bilhões de dólares. Mais de cem bilhões acima dos gastos efetuados pelo setor no ano precedente. Muito provavelmente com apenas dez por cento desse montante o mundo de hoje poderia repetir a atitude de Francisco — dar comida, educação, tratamento médico, assistência psicológica, ouvir as queixas e as inquietações daqueles que, sem paz, estão deflagrando a violência. Dar-lhes, afinal, atenção, compreensão, carinho, amor e compaixão.

Fica no ar, portanto, a pergunta que não quer calar: seria possível a um ser humano normal cometer qualquer violência ou deflagrar qualquer tipo de guerra diante dessa conduta amorosa e compassiva?

Um documentário levado ao ar por determinada rede de televisão mostrava os "Meninos do tráfico", no Rio de Janeiro. Eles revelavam seu "salário" mensal — cerca de trezentos e cinquenta reais. O outro salário que lhes sobrava era a morte. Dos dezessete garotos que figuraram no documentário (jovens de tenra idade, que mal tinham força para segurar o fuzil), dezesseis deles já estavam mortos quando a matéria foi ao ar. A lição de Francisco, se colocada em prática, poderia salvar não somente esses meninos, mas o mundo todo. Além de proporcionar-lhes, licitamente, o mesmo valor pecuniário que ali recebem, ser-lhes-iam oferecidas condições de dignidade, como trabalho, cultura, consideração etc., ressocializando-os e transformando-os em cidadãos conscientes, aptos, portanto, a servir a si mesmos e aos demais.

Tudo que é tocado pelo amor se humaniza e santifica. No amor encontramos nossa verdadeira natureza de filhos do Pai Eterno. Daí porque certo filósofo afirmou romanticamente: "Alguém amou e, amando, encontrou a si mesmo".

1.8

Pilares da autoestima

Conscientes da importância que nos foi conferida por Deus, que nos criou para o bem e a felicidade, já não será difícil alcançar níveis ideais de autoestima, imprescindíveis não somente para o nosso bem-estar pessoal, mas também para que possamos ser, efetivamente, úteis aos irmãos. Nesse sentido, foram idealizados princípios de conduta que promovem sua implementação, quais sejam:

I – Viver conscientemente: Ter consciência do que está por trás de nossos atos, os motivos que nos levam a ter atitudes geradoras de sofrimento e infelicidade. Refletir para compreender as motivações conscientes e inconscientes, porque conhecê-las é a melhor maneira de dominá-las e transformá-las. Passamos de vítimas a sujeitos da situação. Compreender é saber que o sentido poderia ser outro (Foucault).

II – Autoaceitação: É reconhecer seu próprio valor, sua capacidade. Poder dizer sim ou não. Exigir respeito. Quando a boca cala, o corpo fala. Quem se rejeita não tem futuro promissor. Temos de reconhecer que todo ser humano é imperfeito, todos cometemos erros ou somos possuídos por sentimentos negativos. Se tenho raiva, aceito ter raiva; com o medo, o mesmo. Para superarmos nossas dificuldades, temos de admiti-las, entrar em contato com os sentimentos e experimentá-los, com segurança para, aí sim, poder superá-los. Eu me adoto como pessoa quando sou amigo de mim mesmo. A autoaceitação exige questionarmos os porquês que nos levam a ter atitudes que consideramos indesejadas e inapropriadas. Aceito à realidade de meus problemas, mas não sou definido por eles.

III – Autorresponsabilidade: Ter a consciência de que sou o arquiteto de minha própria felicidade. Sou responsável por aquilo que faço, por meus desejos e escolhas; pela maneira como me relaciono com os outros. Se errei, reconheço o erro, peço perdão, desculpo-me, corrijo-me, aprendo a lição e sigo em frente. Não culparei os outros pelos meus erros. Não me envergonho de mudar, pois isso não traduz falta de personalidade, mas sim capacidade inteligente de assumir minhas faltas e corrigi-las. Sou responsável por minhas escolhas, meus atos, pensamentos e sentimentos.

IV – Autoafirmação: É aceitar ser o que é em sua essência, sem precisar esconder ou falsificar a si mesmo para ser aceito pelos outros. Não estou neste mundo para corresponder às falsas expectativas dos outros. Uns têm medo de não serem aceitos por dizerem o que pensam; outros temem se revelar felizes por ter medo de sofrer a inveja. Submeter-se à tirania dos outros só nos faz adiar confrontos inevitáveis; perdemos a oportunidade de virar a página ou fechar o livro que se terminou de ler. Precisamos nutrir confiança e segurança naquilo que somos, sem medo de represálias. Tenho o direito de considerar importantes meus pensamentos, sentimentos e ações.

V – Intencionalidade: Não podemos perder de vista nossos objetivos, sonhos e potencial. O grande desafio é deixar de viver na dependência de pessoas e coisas para atingirmos a autonomia que nos permita comer do pão e do suor de nosso esforço. Precisamos, para isso, de disciplina, perseverança, organização e, principalmente, de acreditar em nós mesmos. Perguntar sempre "o que eu quero de minha vida? O que estou fazendo para atingir meus objetivos?" Preciso mudar de estratégia, ir à luta, ter garra, dizer sim ou não, quando necessário. Querer vencer pressupõe estar atento para o resultado de nossos atos.

VI – Integridade pessoal: Exige ser autêntico e cobrar dos outros o que cobramos de nós mesmos. Precisamos ter a vida pautada em valores e não arredarmos pé desses valores. Sermos coerentes, evitar o que deploramos. Para isso temos de admitir nossa falta, sem culpar os outros; entender o porquê daquilo que fizemos; reconhecer nossos erros e pedir perdão. Reparar os danos causados e nos comprometer a agir, no futuro, de forma diferente.

São, ainda, características de quem possui autoestima em nível adequado:

a) Reconhece a reputação que tem diante de seus próprios olhos;

b) Sabe que é merecedor da felicidade. Aí reside a essência da autoestima;

c) Sabe que, quanto maior nossa autoestima, mais queremos tratar os outros com respeito, benevolência, boa vontade e justiça, pois não tendemos a percebê-los como ameaças. O autorrespeito é o alicerce do respeito pelos outros;

d) Compreende que a autoestima é uma conquista;

e) Considera o fato de que não é possível ter autoestima demais. Às vezes ela pode se confundir com o vangloriar-se ou jactar-se, ou agir com arrogância, mas esses traços refletem, na verdade, baixa autoestima.

Esses princípios se baseiam nos estudos desenvolvidos por Nataniel Branden (1997) e Adalberto Barretto (2005), psiquiatra e professor da Universidade Federal do Ceará, onde criou o movimento denominado Terapia Comunitária, que se espalha por numerosas cidades brasileiras, já se encontrando também na França, na Suíça e em outros países.

1.9

Todos somos terapeutas

Na medida em que estamos cuidando de alguém, somos seu terapeuta. Por isso, é importante conhecermos os princípios essenciais que devem nortear a atitude do cuidador. Jean-Ives Leloup (2006), define os terapeutas como filósofos, homens e mulheres que amam a sabedoria e se esforçam por conformar o seu agir com seus pensamentos e seus pensamentos com seu Ser profundo. O terapeuta deve relacionar cada coisa com sua causa primeira, a Inteligência Criadora Universal, absolutamente pura e sem mistura. O prazer, o desejo, a tristeza, a angústia e a cupidez devem permanecer sob vigilância para que não se instalem ervas daninhas em sua alma.

O terapeuta cuida, lucidamente, do SER. O desapego (desentulho), o equilíbrio, o recolhimento e a simplicidade também o manterão afastado da doença do orgulho, levando-o a sonhar o sonho do Paraíso. Assim, despertará em seu cliente, discípulo ou assistido a importância de cada um se voltar primeiro para seu interior, onde encontrará todos os recursos de que necessita para transformar-se e, a partir daí, transformar os outros. Eis os princípios:

I - O terapeuta CUIDA, em primeiro lugar, de si mesmo, isto é, dedica atenção ao cuidador, para depois poder cuidar do próximo;

II - O terapeuta ESCUTA, primeiro, o seu próprio coração, para então chegar ao coração de seu discípulo e poder ajudá-lo na cura;

III - O terapeuta sabe que o ser humano NÃO É doente. Ele pode estar doente. Assim como não é advogado, médico, professor ou qualquer outro atributo humano. Ele é muito mais: um ser essencialmente espiritual. Todas as outras condições ou atributos de posses ou poderes passarão, mas o SER, o *SELF*, este não. Permanecerá para sempre;

IV - O terapeuta INTERPRETA, sabendo que cada um vê o mundo conforme os olhos que tem. Se sua visão for pura (como é a de um bebezinho), o mundo será bonito, não agressivo, amigo. Se impura, assim ele verá o mundo que o cerca, e suas atitudes se pautarão por essa visão distorcida. O bom-senso será imprescindível em qualquer caso.

V - O terapeuta SORRI, porque sabe que o sorriso é a linguagem universal do amor, e se constitui na mensagem "eu gosto de você". As pessoas gostam de quem gosta delas. Forma-se a empatia, o vínculo, e o bem-estar se instala, permitindo-lhe caminhar pela vida com leveza;

VI - O terapeuta ABENÇOA. Primeiramente a si mesmo, porque sabe que a gratidão e a felicidade caminham juntas. Aprova sua própria humanidade, não profere maledicências contra si, pois estas envenenam sua autoestima. Então, abençoa com facilidade a todos. Reconhece, expressa e festeja as qualidades do próximo. Elogia e confirma a todos, positivamente, o que também equivale a abençoar. Quando propender a ver defeitos em si mesmo ou em seu irmão, atentará rapidamente para o Eu absoluto e puro que reside no interior de cada um, acalmando-se e livrando-se de possível ira. Percebe também que muito dos defeitos que enxerga no próximo são na verdade projeção daqueles que sente como sendo seus. Portanto, quando percebermos algum defeito em nosso próximo, procuremos corrigi-lo em nós mesmos;

VII – O terapeuta presta atenção em seus SONHOS, porque sabe que eles são recursos preciosos para o autoconhecimento, o bem-estar e a cura, uma vez que abrem as portas do inconsciente.

PARTE II

A MÁQUINA MAIS PERFEITA DO MUNDO JÁ NOS PERTENCE

2.1

Conheçamos essa maravilha

É nosso corpo. Procuremos conhecê-lo, respeitá-lo e cuidar carinhosamente dele, pois é nosso templo sagrado. Dentro dele encontra-se nosso "Eu verdadeiro", o espírito imortal e transcendente. É preciso que o corpo esteja em ordem para que tudo flua bem: saúde, equilíbrio físico e psicológico, emocional, espiritual... É dentro de cada ser humano que se encontram todas as riquezas e dessa constatação nasceu uma das preces mais belas dentre tantas que já foram concebidas: "Senhor, não permita que eu passe minha vida procurando fora aquilo que sempre esteve dentro de mim".

Durante muito tempo, procurei o sentido da vida. Por que e para que viemos a este mundo, se antes nossa morada era o Éden, o mundo perfeito, o paraíso? A resposta, afinal, apareceu: viemos ao mundo para, colaborando com o Criador, expandir a ideia do amor, engajando-nos no esforço para a reconstrução do homem e, consequentemente, do paraíso na Terra.

Conta-se que certo pai de família estava em sua casa, depois do jantar, com os olhos fixos no televisor, assistindo a um programa científico. Tratava-se de alto executivo que, como tantos outros, corria cada vez mais atrás de conhecimentos que lhe permitissem manter suas conquistas financeiras e, até mesmo, avançar mais. Entretanto, seu filhinho queria a sua atenção. Assim, puxava sua roupa, mostrando-lhe o carrinho; ou perguntava alguma coisa. O pai, sentindo-se incomodado com aquilo, olhou para o jornal que acabara de ler e viu nele um mapa-múndi, o qual tomava uma página inteira. Rasgou-a em dezenas de pedaços, misturou-os e determinou ao filho que recompusesse a fotografia, tal qual quebra-cabeças. Julgou que com essa atitude se livraria dos chamados insistentes do pequeno.

Passados, porém, somente alguns minutos, para assombro do pai, lá vem o menino dizendo que havia terminado a tarefa. Pedia de novo a atenção dele para que conferisse se a montagem estava correta. Quando seu progenitor lhe perguntou como montara o quebra-cabeça e, consequentemente, reconstruíra o mundo em apenas dez minutos, o pequeno respondeu, com um sorriso feliz:

— Do outro lado da folha havia a fotografia de um homem e foi esta que eu montei facilmente.

Quando reconstruímos os homens, reconstruímos o mundo.

2.2

Uma pequena viagem pelo templo sagrado

O filósofo Carlos Cardoso Aveline (2002, p. 115-126), em seu livro *Três caminhos para a paz interior*, registra a impressionante sincronia e cooperação verificadas no funcionamento do corpo humano, que resumimos a seguir:

O cérebro e o coração são os dois grandes centros de comando da vida. Platão via a cabeça humana como uma miniatura do universo. Protegido pelo crânio, no ponto mais elevado do corpo humano, coordenando todas as nossas sensações físicas, memórias, reações, estados de espírito e posicionamentos, está o comando cerebral, que opera em completa unidade com o sistema cardíaco-respiratório. O cérebro pesa cerca de um quilo e meio e reúne quatorze bilhões de células. Por ele passa meio litro de sangue a cada minuto.

Trata-se de um órgão lógico e linear no seu hemisfério esquerdo; intuitivo e criativo no seu hemisfério direito; emocional no seu setor límbico. O cérebro coordena as reações automáticas e os padrões vibratórios inconscientes em seu tronco, situado no topo da coluna vertebral. Consubstancia-se no instrumento mais complexo e espetacular que nos foi brindado pela Inteligência Suprema. Segundo a sabedoria oriental, existem sete cavidades ou espaços vazios no cérebro, e é nelas que se encontra a luz astral, daí porque elas cumprem uma função de ligação com o plano espiritual.

Os antigos consideravam o cérebro humano como um templo. Quer a Bíblia Sagrada (Êxodo, 16:13-15), quer outras tradições orientais, consideram o cérebro como o receptor do maná, ou alimento que cai do céu em forma de orvalho. Trata-se de alegoria para designar o receptor das virtudes celestiais. No Evangelho de São João (Jo, 6: 32-33), Jesus utiliza imagem semelhante ao mencionar o pão celestial que desce até a mente receptiva: "porque o pão de Deus é o pão que desce do céu e dá vida ao mundo".

O ***coração*** é outro grande centro de comando do corpo humano. Pesando aproximadamente trezentos gramas, tem o tamanho de um punho fechado e bate cerca de noventa mil vezes por dia. Nesse mesmo período, bombeia cinco toneladas de sangue. Quando recolhe o sangue venoso, que chega a ele trazendo gás carbônico e detritos, o coração o envia para o pulmão, que o devolverá purificado e enriquecido com oxigênio. O coração então lança para todo o organismo o sangue reciclado. Daí ser esse órgão o símbolo das virtudes humanas. Ele não depende do comando do cérebro para trabalhar; bate ininterruptamente, podendo assim permanecer por mais de uma hora mesmo quando retirado do corpo, segundo a Dra. Manly P. Hall.

O coração é a sede da vida, que foi, sobretudo, confiada a ele. É também o sol do nosso corpo, eis que nele há um ponto onde pulsa a vontade divina, inclusive a compaixão. O coração purifica o sangue que, por sua vez, purifica o coração. Desse órgão depende o funcionamento correto do resto do corpo. Para que permaneça saudável são necessários exercícios adequados, alimentação correta, pensamentos e emoções equilibrados, além de práticas espirituais.

A tradição hindu afirma que quando o uso dos sentimentos é purificado, o coração se purifica igualmente. Com isso, passa a existir uma constante lembrança do Eu superior. E quando existe uma constante lembrança do Eu superior, todos os vínculos são desfeitos e a liberdade espiritual é alcançada. A tradição egípcia, segundo a qual o Cosmo interior está contido em cada uma das suas partes (o que hodiernamente é confirmado pela Física Quântica), pode ter sido baseada nesse conhecimento hinduísta.

No plano físico, o coração inclui ainda os dois ventrículos ou cavidades, que controlam seu funcionamento. O ventrículo direito produz a contração que empurra o sangue usado de volta para os pulmões; o esquerdo se contrai, mandando o sangue novo e oxigenado para a aorta, de onde é enviado para todas as células do corpo. Em conjunto, os dois ventrículos controlam o ritmo da vida.

O professor Aveline (2002, p. 119), construiu esta bela metáfora para descrever o funcionamento integral do coração:

> O processo da vida é uma ondulação musical que combina esforço e descanso, som e silêncio, contração e expansão, absorção de ar novo e expulsão de ar velho.

> O coração é como o corpo de um pássaro vital, cujas amplas asas são os pulmões. Quando o pássaro voa a uma altitude baixa, as asas batem apressadas. Quando o pássaro voa a uma altitude alta, as asas batem serenamente. Por isso, é importante praticar a respiração profunda, que leva a estados firmes e elevados de consciência.

O sangue humano — (cerca de seis litros para uma pessoa de setenta quilos), contém aproximadamente vinte e cinco trilhões de glóbulos vermelhos, transportadores de oxigênio, e outros tantos glóbulos brancos ou leucócitos, encarregados da defesa do organismo contra bacilos ou bactérias. Quando há infecção, aparece o pus, que se constitui num amontoado de cadáveres de glóbulos brancos, os quais morreram defendendo a saúde do organismo. Segundo ensina a Dra. Manly Hall, o sangue é um fluido elétrico, carregando consigo, em suspensão, o principio vital absorvido pela respiração, que a sabedoria hindu chama de Prana. Em todas as culturas humanas, o sangue é visto como um poderoso símbolo da vida. Para alguns homens antigos, quando eles queriam firmar um compromisso irreversível, era necessário fazer um juramento derramando solenemente uma ou duas gotas do seu próprio sangue.

O fígado — pesando aproximadamente um quilo e setecentos gramas, também desempenha papel fundamental, pois separa as substâncias puras das impuras, "o joio do trigo". Contém em si a quarta parte do sangue do corpo e produz um litro de bílis por dia. Líquido esverdeado, a bílis cumpre papel decisivo, ajudando a digerir gorduras. Assim como o pâncreas, o fígado digere gorduras em grande escala. Ele também produz açúcar, que é essencial para os músculos e destrói substâncias nocivas. Ele as recicla, quando possível, ou decide pela respectiva eliminação. O fígado toma como matéria-prima os glóbulos vermelhos que não servem mais para o transporte de oxigênio, e encaminha a parte útil deles para que novos glóbulos vermelhos sejam produzidos na medula dos ossos.

Quando as pessoas agridem seus próprios organismos ingerindo alimentação inadequada, o fígado é frequentemente forçado a trabalhar em excesso. Para viabilizar o bom funcionamento desse órgão, devemos comer com moderação e manter uma dieta leve e saudável, sem excesso de gorduras e evitando as chamadas gorduras "trans". Beber bastante água, praticar a respiração correta e meditar diariamente faz bem ao fígado, ao coração, a todas as células e, consequentemente, a todo o organismo.

Segundo a medicina tradicional chinesa, o fígado é o grande gerador de forças, o criador da raiva, da coragem e das virtudes. Por vezes é associado aos sentimentos perniciosos, daí porque o termo "inimigo figadal". Mas, para a médica Miriam Alberti, o fígado, na realidade, merece especial destaque por produzir a harmonia das emoções. Quando tem boas condições de funcionamento, esse órgão consegue manter a pureza do sangue, sendo ajudado nessa missão pelos rins e por toda a "equipe de transmutação química do organismo". Desse modo, o coração e o cérebro são beneficiados e a vida psíquica, emocional e espiritual se tornam mais plenas, pois contam com uma base física estável e eficiente.

Na mitologia grega, o herói Prometeu rouba o fogo divino de Zeus, ativando a espiritualidade do homem, mas passa a ter seu fígado devorado todos os dias por uma águia. Tal metáfora significa que o fígado, no plano físico, comanda o processo da purificação espiritual e quando sobrecarregado devido à gula - busca cega de prazer imediato — resulta prejudicada também a função dos rins e a qualidade de vida em geral.

Os rins — trabalham como analistas químicos e são responsáveis diretos pela qualidade do sangue. Eles filtram constantemente o sangue, eliminando pela urina o que é inútil ou nocivo. Segundo a Dra. Miriam Alberti, os cães e também as crianças pequenas muitas vezes "urinam-se de medo".

O sistema nervoso — que tem sua raiz no cérebro, pode ser comparado a uma árvore que estende seus ramos por todo o corpo. Outra árvore é formada pelas ramificações do **sistema circulatório**, que tem sua raiz no coração. Por seus ramos corre a energia vital. O coração e a mente governam a vida. O cérebro capta e produz eletricidade vital no alto do corpo e a transmite para promover e estimular as transmutações da vida biológica. É por meio do sangue que a vida se renova a cada instante.

Glândulas — são órgãos produtores de substâncias que, quando dirigidas às atividades relativamente externas, como é o caso da bílis, da saliva e do suor, recebem a denominação de exócrinas. Quando as substâncias são dirigidas ao sangue, as respectivas glândulas são denominadas endócrinas. O sistema endócrino é o conjunto das glândulas que lança hormônios no sangue. A palavra hormônio deriva do grego e quer dizer "mensageiro". É por meio de seus mensageiros que as glândulas endócrinas regulam quimicamente as funções do corpo.

A mais conhecida das glândulas endócrinas, a tireóide, está situada no pescoço. Ela regula a velocidade e o ritmo geral do metabolismo - o conjunto dos mecanismos bioquímicos. Sua atividade tem influência também sobre a atitude geral diante da vida, o funcionamento da mente e o ritmo cardíaco, daí porque se considera que a Ciência ainda engatinha no seu estudo, já que o mistério da vida, emanada de Deus, passa pelo funcionamento dessas glândulas. Na verdade, as funções dos vários órgãos e das glândulas funcionam de forma harmônica e interativa, num verdadeiro trabalho de equipe.

Endócrinas são também as quatro paratireóides, as suprarrenais e o timo, além dos ovários, na mulher, e dos testículos, no homem. Alguns estudiosos comparam a organização do sistema endócrino a uma orquestra, em que o maestro seria a hipófise ou corpo pituitário, situada no centro do crânio, na altura da ponta do nariz. Ela manda mensagens bioquímicas de comando para as outras glândulas endócrinas.

Segundo os sábios orientais, existe, contudo, uma glândula que comanda a própria hipófise, que é a pineal. Nela estaria localizada a sede da visão intuitiva e o instrumento mais elevado da alma imortal. René Descartes, filósofo do século XVII, também ensinou que a parte especial do corpo em que a Alma exerce suas funções, mais que em qualquer outra, é a glândula pineal. Com o tamanho de uma ervilha, localiza-se a pouca distância da hipófise. Místicos orientais acreditavam que, quando o ser humano aprendia a comandar a pineal, podia comandar também, conscientemente, o metabolismo de todo o corpo.

Em resumo: todos os mestres espiritualistas ensinam que o corpo é o templo, a morada da alma. Cada célula e cada órgão contêm a vida. É a vida dentro da vida e todos os componentes desse templo vivo são dotados de inteligência atuante, operando diuturnamente para o nosso bem-estar. Por isso, devemos expressar-lhes mentalmente nossa gratidão, a eles, a nossos pais e a Deus que, num maravilhoso gesto de amor, cooperaram para que pudéssemos usufruir desta magnífica experiência que se denomina vida.

2.3

O carinho é essencial para a saúde e para vida

Estudos científicos publicados no jornal Folha de São Paulo, edição de 29/7/2002, informam que foram descobertos os sensores do carinho. Isso explica porque os seres humanos, assim como diversos mamíferos, gostam de "cafuné". É que a pele humana tem pequenos sensores especializados no recebimento de carinho, os quais remetem a sensação prazerosa diretamente às regiões do cérebro encarregadas de processar as emoções. A pesquisa, divulgada pela revista científica *Nature Neurocience* (www.nature.com/neurosci), também desfaz um mistério anatômico, segundo o qual, ninguém ainda tinha conseguido explicar a função de um grupo de minúsculos terminais nervosos que aparecem na pele toda, exceto na palma das mãos e na planta dos pés.

De acordo com o pesquisador sueco Hakan Olausson, da Universidade de Gotemburgo, até a década passada, acreditava-se que o homem não tivesse esses terminais, chamados de aferentes de condutores tácteis: "Eles foram descobertos em gatos e depois em outras espécies com pelo, mas pareciam raros em macacos e não eram achados em humanos". O problema é que os pesquisadores estavam procurando no lugar errado: na palma da mão, que não tem pelos, aos quais os sensores de carinho estão sempre associados. Olausson e outros pesquisadores mostraram que a espécie humana tinha, sim, os tais aferentes, mas ainda não haviam descoberto o que eles faziam.

Uma coisa, no entanto, era certa: esses terminais eram bem diferentes dos outros sensores de tato. Para começar, eles não têm a chamada bainha de mielina - um grupo de células ricas em gordura que envolve grande parte dos nervos e funciona mais ou menos como um isolante em volta de um fio de cobre, isolando o impulso nervoso e tornando-o mais eficiente. Como a bainha aumenta o tamanho dos nervos, os aferentes de condutores tácteis são também bem menores que os outros sensores de tato.

Função isolada — O que atrapalhava os pesquisadores é que esses terminais eram estimulados junto com os outros na pele, de forma que não era possível saber qual deles estava gerando o impulso, explica Ivan Izquierdo, especialista em neurologia do Departamento de Bioquímica da Universidade Federal do Rio Grande do Sul. A oportunidade de estudar os misteriosos nervos isoladamente apareceu graças a uma paciente de 54 anos com um problema raro: ela havia perdido todos os nervos com mielina no corpo devido a uma reação autoimune. A princípio, ela parecia incapaz de tato "verdadeiro" (não sentia cutucões ou coceira), embora detectasse calor, frio ou dor.

Contudo, se um pincel macio era passado de leve em seu braço, a paciente sentia uma espécie de pressão tênue e agradável. A ideia, então, foi verificar como essa sensação se refletia no cérebro da paciente, comparando as reações com o que acontecia no cérebro de 24 pessoas sem o mesmo problema. Enquanto eram submetidos ao "teste do pincel", Olausson e seus colegas espionavam o que acontecia usando ressonância magnética funcional — um tipo de exame que mostra quais áreas do cérebro têm maior fluxo de sangue e, portanto, estão funcionando mais.

Tato emocional — O resultado mostrou que o cérebro da paciente tinha ativação no córtex insular, uma área interna do sistema nervoso cuja principal função era o processamento de emoções e da excitação sexual. As áreas do córtex ligadas ao sentido de tato propriamente dito ficaram quietinhas na mulher, ao contrário das demais pessoas, que tiveram ambos os lugares ativados. Para Olausson, isso mostra que esses nervos são fundamentais para a sociabilidade e para a reprodução entre os mamíferos, inclusive na espécie humana. "Além disso, há a possibilidade de que eles tenham um papel na redução das sensações de dor e na liberação de certos hormônios que são ativados pelo toque na pele", especula o sueco, que teve a colaboração de colegas no Canadá para desvendar o funcionamento dos sensores de carinho.

A carícia essencial — Outros estudos relativos ao afeto comprovaram que se o recém-nascido não for tocado (afeto), durante os três primeiros anos de vida, pode até morrer. O ato de sugar o seio materno já está nesse contexto da carícia essencial. Em determinada creche de São Paulo as crianças recebiam todos os cuidados físicos, como alimentos, roupas, higiene etc, mas, ainda assim, muitas delas pereciam, misteriosamente. Até que apareceu por lá um grupo de voluntárias, chamadas "Anjos de branco", com a finalidade especial de pegar as crianças no colo, afagá-las, dar-lhes atenção, sorrir para elas, conversar e brincar. Em pouco tempo cessaram as mortes, o que nos leva a acreditar que o carinho é tão essencial para a vida quanto a alimentação e demais cuidados.

Com relação ao toque, entretanto, é imperioso relembrar a necessidade de atentarmos para os cuidados com a correta higienização das mãos.

2.4

O poder do abraço

Numa pesquisa da Universidade da Carolina do Norte, EUA, publicada na revista *Vida Simples*, edição nº. 35, os cientistas descobriram que o ato de abraçar ajuda na saúde do principal músculo do corpo, aquele que bate no lado esquerdo do peito. O estudo reuniu 38 casais e mostrou que o abraço eleva os níveis de um hormônio chamado oxitocina, que reduz a pressão sanguínea e o batimento cardíaco. O resultado dessas mudanças todas no corpo é uma diminuição do risco de doenças do coração. O abraço traz aconchego e carinho na medida em que transmite sensação de acolhimento, explica o psicólogo Miguel Perosa, professor da PUC em São Paulo.

Intuitivamente, o abraço nos remete ao período em que éramos enlaçados com todo cuidado quando bebês, transmitindo sensação de proteção e acolhimento. Além disso, nesse ato carinhoso a área tocada pelo abraço é maior que a do beijo e a do "cafuné". O abraço é sempre recíproco, não é unilateral. Na verdade, a conjugação desses três atos de carinho, somados ao sorriso e à pronúncia de palavras doces, resultam em autoestima e sensação amorosa, que facilitam a cura.

O abraço que salva — Circula pela Internet, emocionado a todos que o leem, um artigo chamado "Abraço salvador". A matéria vem ilustrada com a foto de duas crianças recém-nascidas, deitadas de bruços. Na foto que ilustra o artigo, a criança da direita aparece enlaçando a irmãzinha com seu bracinho esquerdo, na altura do ombro. Trata-se da miraculosa sobrevivência de gêmea que, logo após o nascimento, fora colocada em incubadora separada. Uma das gêmeas, porém, não tinha esperança de vida e, por isso, a chefe das enfermeiras decidiu contrariar as regras do hospital, deixando-as juntas no mesmo berço. Foi assim que, milagrosamente, a nenê que estava bem abraçou sua irmãzinha doente e, graças à sua proximidade, ajudou a regular com o calor de seu corpinho a temperatura e o pulso da irmã. Dessa forma conseguiu restabelecer o ritmo cardíaco da irmãzinha, que sobreviveu!

O *clown* — Tempos atrás, participamos de um curso sobre a arte do "Clown", com o propósito de atuar em trabalhos comunitários como um daqueles "palhaços" que prestam serviços em hospitais, como fazem os "Doutores do riso" ou os "Doutores da alegria". Eles ajudam a atenuar a dor e a desesperança que podem flagelar pessoas acometidas pelos mais diversos tipos de doenças. Dedicam-se especialmente às crianças. Uma das colegas que estava fazendo o curso explicou que estava ali porque era médica, trabalhava na UTI pediátrica de certo hospital de Brasília e muitas vezes as criancinhas, na hora da morte, pediam meigamente... "tia, me pega no colo...".

2.5

A emoção das águas

Pesquisas realizadas pelo cientista Masaru Emoto apresentaram resultados surpreendentes. Durante oito anos ele e sua equipe cristalizaram e fotografaram moléculas de água das mais variadas partes do mundo. As amostras de água foram retiradas de rios, lagos, chuva, neve e submetidas às vibrações dos pensamentos, sentimentos, palavras, ideias e músicas. O mais admirável é que foi possível registrar em imagens a reação das moléculas de água a esses estímulos, tanto os considerados positivos quanto os negativos. Assim, surgiram desenhos maravilhosos, esculpidos como se fossem joias na estrutura molecular da água, quando as amostras foram expostas às palavras "amor" e "gratidão". Da mesma forma, belas imagens surgiram quando a água foi submetida à vibração da palavra "obrigado" ou do nome de alguém já falecido como Madre Teresa de Calcutá. Mais espantoso ainda é o fato de que os desenhos geométricos não se formaram quando a vibração escolhida fora desagregadora. A imagem revelou-se disforme.

Dr. Masaru Emoto e sua equipe provaram, dessa forma, que a estrutura molecular da água se transforma de acordo com o ambiente. E a maior repercussão desse trabalho é o fato de que temos a possibilidade de mudar as percepções de nós mesmos e do nosso Planeta. A cura por meio da escolha dos pensamentos e da forma como colocamos esses pensamentos em ação está agora bem mais próxima. Admirar a beleza de uma imagem geométrica impressa numa gota de água congelada é impressionante.

Mas nada se compara ao fato de saber que aquele desenho formou-se na água porque ela sentiu a vibração de uma palavra de amor, de uma música suave ou de um bonito pensamento. O cientista japonês provavelmente sabia que o impacto dessa notícia seria enorme, uma vez que as descobertas envolviam tudo que está em volta do ser humano, inclusive dele mesmo. Depois de coletar a água em várias partes do mundo, utilizando equipamento sofisticado e rigor científico, o professor submeteu a água à música, a palavras faladas e escritas, a preces e aos mais variados tipos de sentimentos. Em seguida, cristalizou e fotografou as moléculas de água na busca da comprovação da "sensibilidade". Na maioria dos casos, as águas foram fotografadas antes e depois da exposição.

O resultado desse trabalho está no livro *A Mensagem da Água*, publicado em 1989. Ele exibe 161 fotos, que mostram a resposta da água aos vários estímulos. A pesquisa pioneira é considerada por especialistas como um dos mais extraordinários trabalhos sobre o tema de que se tem conhecimento.

A vida humana está conectada diretamente à qualidade de nossa água, dentro e em torno de nós. O corpo humano é como uma esponja com trilhões de camadas, chamadas células, que comportam o líquido. N constituição de um adulto existe setenta por cento de água, aproximadamente, assim como no Planeta. A água é a fonte de toda a vida na Terra e sua qualidade e a integridade são vitalmente importantes a todas as formas de vida. A possibilidade de o pensamento afetar tudo o que nos cerca nos leva a repensar a própria condição humana. O mérito do Dr. Masaru foi comprovar por meio das fotos que as energias vibracionais humanas (pensamentos, palavras, ideias, músicas etc) afetam a estrutura molecular da água. A água é uma substância muito maleável. Sua forma física adapta-se facilmente ao ambiente que a contém.

Mas a aparência física não é a única coisa que muda. Sua estrutura molecular também muda. O Dr. Masaru congelou gotas de água e examinou-as sob um microscópio de campo escuro dotado de recursos fotográficos. A nascente de água pura que jorra da montanha mostra maravilhosos desenhos geométricos em seus padrões cristalinos. Águas poluídas e tóxicas de áreas industriais e povoadas, águas estagnadas das tubulações e represadas mostram estruturas cristalinas definitivamente distorcidas e formadas aleatoriamente.

Bethoven e Heavy Metal — Para observar o efeito da música na estrutura da água, o cientista japonês a colocou, destilada, entre dois altofalantes por diversas horas (experiência com Beethoven e Heavy Metal) e fotografou então os cristais que surgiram depois que foi congelada. Quanto à música clássica, harmoniosa, formaram-se belas imagens; com o Heavy Metal, não. Após ter visto como a água reagia às circunstâncias ambientais, poluição e música, O Dr. Masaru e seus colegas decidiram observar como os pensamentos e as palavras afetavam a formação das águas destiladas não tratadas e das puras, usando palavras datilografadas em papel por um processador de texto, coladas nos frascos de vidro durante a noite (amor e admiração, "obrigado", "você me faz mal", "eu vou matar você"). O mesmo procedimento foi executado usando nomes de pessoas falecidas (Hitler e Madre Teresa). As águas foram então congeladas e fotografadas. O resultado foi surpreendente: imagens claras, cristalinas, simétricas... belíssimas (Madre Teresa) e imagens que refletem o medo e o terror (Hitler).

A pesquisa do Dr. Masaru e sua equipe foi iniciada em 1984, depois de um encontro com o bioquímico Dr. Lorezen, o inventor da *microcluster eater*, uma água energizada para efeitos terapêuticos, porque o resultado é o reflexo de sua intenção e energia. No caso do grupo de observadores, se a intenção não for coesa, o resultado será compatível com essa falta de coesão. Mas, se todos estiverem unidos na mesma intenção, o resultado é um desenho claro e lindo como o criado pela oração sincera de uma única pessoa. O professor conta ainda uma de suas mais interessantes experiências. Sobre uma mesa foi colocada uma vasilha com um pouco de água. Dezessete participantes formaram um círculo em volta dessa mesa e deram-se as mãos. Cada um deles escolheu uma palavra sobre o sentimento de amor e amizade para pronunciar. A água foi fotografada antes e depois dessa experiência. Os resultados, segundo o Dr. Masaru, foram algumas das mais lindas estruturas cristalinas.

A linguagem da vibração é um dos pontos destacados pelo professor. Segundo ele, "a palavra falada tem vibração. A palavra escrita também tem vibração. Todas as coisas na existência têm vibração. Se eu fizer um círculo, a vibração do círculo será criada. Bonitas palavras têm bonitas e claras vibrações. Palavras negativas não formam as estruturas geométricas e harmoniosas, produzem vibrações incoerentes, feias e desarmoniosas".

O professor Emoto esteve em Brasília, em outubro de 2009, proferindo excelente palestra, à qual tivemos o privilégio de assistir. Demonstrou suas experiências com músicas, projeção de *slides* e fotografias, empolgando a platéia. Informou já ter exposto seu tema em 75 países e também no Plenário da ONU. Sensibilizado com seus estudos a respeito da água, falou também sobre amor, a amizade, a espiritualidade e a importância dos vínculos familiares.

2.6

As palavras foram criadas para expressar amor

Sabe-se, portanto, que cerca de setenta por cento de nosso corpo (adulto) é constituído por água (salgada, tal qual a proporção entre os mares e a Terra), e que esse líquido vital é sensível às emoções. Essas conclusões recomendam, obviamente, o cuidado especial que devemos ter com as palavras que proferimos, assim como com as demais formas de expressão. Não somente com aquelas que partem de nós, mas também com aquelas que nos permitimos ouvir e sentir. Precisamos, igualmente, gerenciar os pensamentos, já que deles derivam, em geral, as emoções que sentimos e a ações que praticamos. É importante discernir quando é hora de falar e quando é tempo de calar-se. O silêncio vale muito mais do que as palavras impróprias, impensadas ou inadequadas.

Mas é necessário também percebermos quando nosso coração está oprimido, magoado, pesado. Nesse caso, torna-se imprescindível falarmos com alguém de confiança, em busca de alívio. É que, nessas circunstâncias, muitas vezes a boca cala, mas o corpo fala. A angústia pode ser somatizada, transformando-se em doenças. A Bíblia Sagrada, também nesse aspecto (falar ou calar e quando o fazer), traz o importante ensinamento de que, na vida, cada coisa tem seu tempo certo. Na proporção em que os confessionários e gabinetes dos religiosos se esvaziaram, os consultórios de psicólogos e psiquiatras passaram a ser muito mais procurados.

Sócrates, falando sobre a utilização correta das palavras, recomendou que elas, antes de externadas, fossem submetidas às "três peneiras" ou "filtro triplo": a) o primeiro filtro é o da VERDADE (temos certeza de que aquilo que vamos dizer é verdadeiro?); b) o segundo filtro é o da BONDADE (as palavras que vamos proferir destinam-se a promover o bem?) e c) o terceiro filtro é o da UTILIDADE (o que vamos dizer é útil?). E concluía recomendando que, se aquilo que vamos dizer não é nem verdadeiro, nem bom e nem útil, é melhor que não seja pronunciado.

Há vários hinos religiosos que tratam da finalidade das palavras. Destaca-se a letra de Irene Gomes:

> Palavra não foi feita para dividir ninguém,
> palavra é a ponte aonde o amor vai e vem...
> aonde o amor vai e vem.
> Palavra não foi feita para dominar,
> destino da palavra é dialogar.
> Palavra não foi feita para a opressão,
> destino da palavra é a união.
> Palavra não foi feita para a vaidade,

destino da palavra é a eternidade.
Palavra não foi feita para cair no chão,
destino da palavra é o coração.
Palavra não foi feita para semear a dúvida,
a tristeza ou a maldade,
destino da palavra é a construção
de um mundo mais feliz e irmão.

2.7

Aproximando corações

O que separa os corações não é a distância, mas sim a indiferença. Há pessoas juntas estando separadas por milhares de quilômetros e outras separadas vivendo lado a lado. Muitas vezes nos incomodamos com o que acontece no mundo, ficando sensibilizados, e chegamos a tomar algum tipo de atitude para minorar o problema. Mas, e quanto às pessoas mais próximas?

Quantas vezes nos esquecemos de observar o que se passa ao nosso lado, em casa, na família, na vizinhança, no ambiente de trabalho. Colocamos frequentemente barreiras entre os corações que nos cercam. Habituamo-nos tanto a ver aqueles que convivem conosco, que passamos a não notá-los mais, a não lhes dar mais importância, a não manifestar o carinho que temos para com eles.

Assim, vamos criando distâncias, quando estamos tão próximos, e a indiferença vai anulando sentimentos, murchando ânimos, apagando o brilho. É preciso, então, reverter essa situação. Como afirmou Marcel Proust, a verdadeira viagem de descoberta consiste não em procurar novas paisagens, mas em ter novos olhos. Comecemos por transformar a nós mesmos, percebendo que não basta ter bons sentimentos; é preciso expressá-los com frequência, regar o jardim da existência. Procuremos olhar os que estão ao nosso lado, sempre com os olhos da alma; comunicar mais, construir mais pontes, eliminando barreiras. Estabelecer, em suma, a comunicação entre os corações. O amor transforma tudo, e a melhor maneira de acabar com a indiferença de alguém é amando-o.

Não permitamos que as pessoas ao nosso lado definhem emocionalmente de solidão! Não permitamos que elas se sintam melhor fora de casa do que dentro dela! Vamos dedicar-lhes atenção, compartilhando com elas nosso tempo. Preocupemo-nos em assistir menos à televisão, para dialogar mais, para rir juntos, porque o sorriso, o riso e a alegria aproximam. Há quanto tempo não dizemos à pessoa que convive conosco que gostamos dela? O tempo perdido não se recupera, mas podemos decidir não perdê-lo daqui para frente, amando mais os corações que nos cercam e tentando alcançar novamente aqueles que se distanciaram. Há sempre tempo para amar e, se não houvesse, o próprio amor seria capaz de inventar.

2.8

Cuide com carinho de sua alimentação

Que seu alimento seja seu medicamento, sugeriu Hipócrates, o pai da Medicina. Para tanto, devemos nos alimentar bem. Respeitar os momentos das refeições: prestar atenção no que estamos fazendo, acalmar o pensamento, mastigar suficientemente, perceber o sabor de cada alimento. Não ficar tão fixado na TV nem marcar tantos negócios para essa hora. Evitar falar sobre problemas. Olhar para os alimentos. Devemos sempre lembrar de que o que estamos ingerindo vai para o interior das células e será parte de nós tanto física quanto mentalmente. Nosso corpo é cem por cento natural e uma alimentação artificial é incompatível com sua natureza.

Evitemos, na medida do possível, a carne vermelha, pois os animais levam uma vida inteira sendo maltratados, confinados, açoitados impiedosamente tantas vezes. No momento do abate pressentem que vão morrer e choram de tristeza pela ingratidão contra eles cometida. A rês que forneceu leite para nós e para nossos filhos, ajudando a nos manter vivos, também é abatida com inclemência. Todas essas emoções, como o medo, o sentimento de injustiça, a rejeição e a tristeza acabam traduzidos em elementos químicos que impregnam esse tipo de alimento.

A adrenalina e o cortisol desses animais são liberados em grandes quantidades nos momentos que antecedem o abate, como resultante da equação ataque ou fuga. O cortisol, nessas condições, transforma-se em substância venenosa. São elementos e energias negativas que impregnam também quem ingere a carne vermelha. Dediquemos um tempo para equacionar e resolver essa questão fundamental. Para o bem de nossa saúde física, mental e espiritual, assim como em prol da preservação, do bem-estar e do futuro do Universo e da humanidade.

Estudos, que se sucedem sobre o assunto, têm gerado debates acalorados, especialmente no hemisfério ocidental do Planeta. Porque no Oriente o conhecimento e o respeito aos nossos irmãos animais sempre foi maior. Cientistas levantam dados históricos como, por exemplo, o fato de que nossos ancestrais, os chimpanzés, comiam, sim, carne vermelha, mas isso enquanto necessitavam de grande quantidade de energia, para caçar ou defender-se das feras; para sobreviver, afinal. Só que eles, na atualidade, já não são mais carnívoros, e sim vegetarianos (Conf. documentário *Evolução*, da BBC). Não necessitando mais daquela superenergia, tiveram sabedoria para mudar seus hábitos alimentares.

O homem, que também era carnívoro na época das cavernas, quando precisava dessa imensa carga energética para sobreviver, não se deu conta de que hoje não precisa mais de toda essa quantidade. Os hábitos de vida mudaram, mas muitos continuam agindo cegamente com relação ao assunto, mergulhados muitas vezes no instinto da gula. Nem perceberam que a natureza do ser humano é própria do animal vegetariano: intestino longo; dentes quase planos; ao contrário dos animais carnívoros por natureza como, por exemplo, o leão, que tem caninos proeminentes, o que lhe possibilita dilacerar a presa.

No âmbito espiritual, Shankar, um dos indicados candidatos a prêmio Nobel da paz, quando veio ao Brasil, foi perguntado se a matança dos animais para alimentação tinha algo a ver com a violência e as guerras. Respirou profundamente e respondeu: "Provavelmente". Passei há cerca de três anos ao vegetarianismo relativo, ou melhor, ao lactovegarianismo, sob supervisão médica. Além disso, alimento-me também com carne de peixe (especialmente salmão), uma ou duas vezes por semana, incluindo castanha-do-pará. A saúde melhorou visivelmente, desde a pele até a disposição geral. Os exames laboratoriais de colesterol, triglicérides, glicemia e todos os outros de praxe passaram a apresentar índices muito mais apropriados do que anteriormente.

Outro fato que me convenceu quanto a adotar dieta basicamente vegetariana foi o conhecimento de que, no curso da história, filósofos e grandes sábios não comiam carne vermelha, pois haviam compreendido a importância de uma dieta adequada, com vistas a desfrutar de boa saúde, paz mental e progresso espiritual. Eis alguns deles: Albert Einstein, Platão, Leon Tolstoi, Sócrates, Benjamim Franklin, Pitágoras, Mahatma Gandhi, Tagore, Leonardo da Vinci, Buda, Voltaire, Russeau, Charles Darwin, Plutarco, Albert Schweitzer, São

Francisco de Assis, Dalai Lama, Madre Tereza de Calcutá e George Bernard Shaw. O Mestre Jesus também era basicamente vegetariano, porém comia peixe e, raramente, carne de cordeiro (provavelmente como ritual), segundo matéria sobre alimentação, veiculada pela Rede Globo por época do Natal de 2005.

O livro *O que há de errado em comer carne*, de Didi Amanda Mitra (1998), traz dados surpreendentes sobre o tema. Num dos exemplos, afirma que o território brasileiro seria suficiente para alimentar o mundo todo se todos fossem vegetarianos. A soja brasileira é exportada basicamente para alimentar o gado dos Estados Unidos, o maior consumidor mundial de carne vermelha e que, coincidência ou não, é, também, um dos mais violentos, com cerca de dois milhões de presidiários, segundo levantamento feito por Frei Beto e relatado em 2005. Quando a soja é transformada em carne, apenas dez por cento dela é aproveitada pelo ser humano. Por outro lado, o desmatamento indiscriminado, para formação de pastagens, é um dos causadores do efeito estufa e, portando, do aquecimento global. Constatou-se, também, que o excremento do gado libera um gás danoso para a camada de ozônio.

Entretanto, o bom-senso e a prudência devem imperar em todos os aspectos da vida. O hábito de comer carne vermelha está profundamente enraizado em grande parte das pessoas e, por isso, é preciso cautela. É necessário estudar e analisar o assunto com o devido cuidado e, se for o caso, empreender a mudança gradativa de regime, sob orientação e acompanhamento médico. Particularmente, vejo hoje a carne vermelha como remédio para anêmicos ou outros portadores de enfermidades, que demandem esse alto grau de energia.

2.9

O corpo humano é energia condensada, segundo a Física Quântica

Tudo no mundo é energia em movimento. Carlos Castaneda (2001) chegou a afirmar em seus escritos que a energia tem consciência. Se assim é, convém atentarmos também para a tradição hinduísta, que estudou amplamente os pontos enérgicos do corpo humano. Dediquemos, portanto, atenção também a eles para que a vida flua naturalmente. Os principais são denominados **CHACRAS,** palavra sânscrita que significa *roda*.

Existem diversas energias de que os seres necessitam. Essas energias têm diversas fontes, como o sol, a Terra, o espaço infinito e os próprios seres. Todas elas têm características, vibrações, ondulações e cores diferentes. As da Terra são primárias e violentas. As do Sol são sete, que correspondem às cores do espectro solar. Das que vêm do espaço infinito temos como exemplo o prana (energia cósmica que vitaliza o organismo), a eletricidade e o magnetismo. Todas as formas de energia fluem por meio dos seres vivos, alimentando-os. Elas podem ser absorvidas pelos alimentos (aparelho digestivo), pelo ar atmosférico (respiração e pele) e pelos centros energéticos.

Os chacras são portais de ligação entre o plano mais etéreo e o mais denso. É por meio deles que o prana é transferido para o corpo físico. Cada chacra é guardião de seu respectivo órgão. Ligam-se ao físico através dos plexos (rede de nervos compacta, formando um complexo sensível à recepção e transmissão de informações recebidas e emitidas pelo corpo e decodificadas pelo cérebro). Cada chacra tem determinada função e uns interagem com os outros. O desequilíbrio em um pode afetar os demais.

Básico ou da Raiz: Segurança — Situado no períneo, na base da coluna, entre o ânus e os órgãos genitais. Este chacra tem um funil ou canal, que está voltado para baixo, na direção da terra. É ligado às glândulas suprarrenais e sua cor é vermelha. Sua função básica é ligar o espírito, de forma segura, à realidade física da existência humana, ou seja, é responsável pela preservação do indivíduo por meio da defesa ou da fuga, dos diferentes reflexos, da alimentação, do abrigo e da roupa. É o centro que governa os instintos terrenos necessários para a sobrevivência física. O nosso sucesso e fracasso físico se localizam neste chacra e são passados de geração a geração.

As funções da boa saúde e a continuação da espécie estão programadas no nosso material genético. O modelo etérico do nosso desenvolvimento e evolução físicos repousa no nosso código genético. Temos dentro da nossa consciência a capacidade de transformar padrões de sobrevivência que não são mais úteis nas sociedades civilizadas, como as atitudes de dominação, de violência e de provocação. Podemos alterar a energia que vem sendo usada para a sobrevivência básica e transmutá-la numa consciência mais elevada, o que nos proporcionará mais alegria, bem-estar e criatividade. As pessoas que não têm a curiosidade de explorar o pleno potencial de sua vida tendem a ser fortemente dominadas pela culpa, tornando-se deprimidas e condicionadas pelo exemplo dos pais.

Genésico ou do Sacro: Prazer — Situado na altura do útero e da próstata. É ligado aos testículos ou ovários e é responsável pelo funcionamento dos órgãos sexuais/reprodução e emoções sexuais. Estimula desejos, age sobre o sexo. Vinculado aos plexos hipogástrico e sacral. Sua cor é vermelha e laranja, característica das ondas longas, a cor depende da frequência da energia que está sendo metabolizada. É responsável pela energização dos órgãos sexuais. É o centro da sensualidade e dos prazeres sensuais da existência, tais como a atividade sexual e o ato de comer. A sua função essencial é a da preservação e continuidade da espécie humana. A principal emoção destrutiva é o apego ao prazer, que leva à possessividade, à inveja e ao ciúme.

Gástrico-umbilical: Poder — Situado um pouco acima do umbigo, na altura do estômago. De cor vermelha, amarela e verde. Vinculado ao plexo solar e ao pâncreas. Controla o sistema vago-simpático (automatismos do organismo). Responsável pela energização do sistema digestivo.

Cardíaco: Amor — Localizado na altura do coração. Tem as cores dourada e verde. Vinculado ao plexo cardíaco e à glândula do timo. É responsável pela energização do sistema cardiorrespiratório e pelo funcionamento do aparelho circulatório.

Laríngeo: Inspiração — Localizado na garganta. Suas cores são azul, lilás e prateado. Ligado às glândulas tireóide e paratireóides. Vinculado ao plexo cervical. Controla algumas glândulas endócrinas. É o responsável pela energização da boca, garganta e órgãos respiratórios.

Frontal/Cerebral: Conhecimento — Localizado entre os olhos. Suas cores são rosa, amarelo e anil. Ligado à hipófise, é responsável pelo comando de todo sistema endócrino. Além da hipófise, tem relação com os lobos frontais do cérebro, exercendo influência decisiva sobre os demais centros de força. Responsável pelo funcionamento do sistema nervoso central, dos sentidos (tato, audição, visão), dos centros superiores do processo intelectivo (clareza de raciocínio e alguns processos da inteligência: palavra, cultura, arte e saber). Ao atuar sobre o córtex cerebral, tem influência decisiva no funcionamento global do sistema nervoso. É denominado "terceiro olho".

Coronário: Transpessoal — Tem a cor violeta, prateado e dourado. Quando desperto é o mais brilhante de todos. Correspondendo a este centro, temos a glândula pineal ou epífise. Situa-se no alto da cabeça, sendo a "antena" que capta as mensagens do plano espiritual maior. É a sede da mente. Recebe em primeiro lugar os estímulos do espírito, por isso liga os planos espiritual e material. Constitui-se no principal ponto de assimilação dos estímulos provenientes do plano espiritual. Ele coordena o funcionamento dos demais centros, irradia energias vitalizadoras e correntes magnéticas.

É concentração de força do Espírito e das forças psíquicas e físicas do ambiente da vida. Assimila os estímulos do Plano Superior e orienta a forma, o movimento, a estabilidade, o metabolismo orgânico e a vida consciencial da alma. É o centro das comunicações intuitivas e telepáticas. Fixa conhecimentos, virtudes morais, compreensão. Nele se encontra a consciência de cada indivíduo, por isso confere ao homem a plenitude de todas as suas faculdades.

Dele emanam as energias de sustentação do sistema nervoso, sendo responsável pela alimentação das células do pensamento e o provedor de todos os recursos eletromagnéticos indispensáveis à estabilidade orgânica. Aglutina, transmite e dissemina energias do córtex cerebral para o funcionamento equilibrado do sistema nervoso. Mantém relacionamento funcional com os órgãos situados no interior do crânio, principalmente a epífise. O coronário e o frontal se ligam ao cérebro.

Esplênico — Não está entre os sete chacras principais, mas, dos secundários, é o mais importante. É muito radiante e colorido: rosa, vermelho e verde. Vinculado ao plexo mesentérico. Esse chacra está sediado no baço, regulando a distribuição e a circulação dos recursos vitais no corpo físico, determinando todas as atividades em que se exprime o sistema hemático. Absorve o prana, processa (desintegrando em sete tipos de átomos diferentes) e distribui para os outros centros. Revigora o organismo ao distribuir as energias pelo corpo, armazenando as sobras. Controla o equilíbrio de todo o sistema hemático.

As árvores, principalmente o eucalipto e o pinheiro, absorvem muito prana, por isso é salutar, quando se fica desvitalizado ou com esgotamento nervoso, sua companhia e contato. Não, porém, quando houver ameaça de raios, evidentemente. O ser humano e essas plantas expelem parte dos elementos vitais cósmicos absorvidos, formando a aura da saúde, importante escudo contra germes mórbidos. O que não é utilizado pelo organismo é colocado para fora por meio dos poros, da pele e pela respiração.

Aura — Emanação das energias, em formas de ondas, do nosso corpo físico e espiritual. Sua textura revela o caráter da pessoa, a forma e a cor revelam saúde e condições emocionais. Atmosfera fluídica existente em todos os seres vivos. O processo **Kirlian** consegue fotografar a aura e os estudiosos desse centro enérgico a interpretam, buscando traços de um estado saudável ou não.

PARTE III

CUIDANDO DOS PENSAMENTOS

3.1

Nossos pensamentos determinam nossa felicidade ou infelicidade

O ser humano se preocupa muito com ladrões (e tem mesmo de ficar alerta, porque eles de fato existem), mas não se preocupa com os piores deles, que são os maus pensamentos. Entretanto, estes podem nos roubar algo muito precioso, ou seja, a própria felicidade. Não podemos impedir que determinados pensamentos cheguem ao nosso cérebro, pois eles procedem de todos os lados. Calcula-se que o homem tem normalmente entre cinquenta mil e setenta mil pensamentos a cada dia. Podemos, entretanto, decidir quais deles queremos que permaneçam por mais tempo conosco, quais queremos alimentar e de quais deles queremos nos livrar.

3.2

Um princípio eficaz, mas pouco conhecido

Trata-se de um princípio muito pouco divulgado, mas que pode nos ajudar muito: o ser humano só consegue manter em sua mente um pensamento de cada vez. Assim sendo, quando determinada ideia não for útil para nós, devemos substituí-la por um pensamento bom. Para isso, lançaremos mão das nossas boas lembranças, armazenadas em nosso "santuário do coração", lembranças de sucessos, de carinho que recebemos, de pessoas queridas, de tantas coisas boas que nos aconteceram na vida e que estão registradas na memória. Assim, os maus pensamentos não farão morada em nossa mente. Trata-se de faxina mental, limpeza do que não serve e prestígio àquilo que é bom, útil e importante para promover a felicidade.

Poderemos também ouvir com atenção uma música que nos toca a alma ou, ainda, prestar atenção à própria respiração, o que nos recolocará no ritmo da vida: inspiração, parada, respiração: atividade, repouso, atividade... Além disso, sejamos gratos a Deus, porque estamos vivos e se a respiração parar por poucos minutos já teremos ido para o outro mundo; à mãe natureza que, pelo verde de suas árvores, capta o gás carbônico que expelimos, recicla-o por meio da fotossíntese, e o devolve a nós, purificado, em forma de oxigênio. Esses pensamentos de ternura, bondade e gratidão também desalojarão as ideias impróprias, que nos roubam a paz e nos deixam doentes.

3.3

Assim começam os pensamentos

É muito importante examinar a gênese dos pensamentos: como nascem e se desenvolvem, quais emoções os acompanham e como são arquivados na mente. Um dos fatos geradores de ideias, na atualidade, é a mídia. Em seu livro *A ditadura da beleza* (2005), Augusto Cury aborda apropriadamente esse aspecto. Procuremos, então, ver e ouvir programas que cuidem de assuntos úteis e honestos, que melhorem nossa cultura. É imperioso evitar aqueles que veiculam o lixo moral da humanidade sem qualquer preocupação ou respeito com o bem-estar dos ouvintes ou telespectadores.

Acessar e estudar o subconsciente e o inconsciente é outro fator importantíssimo para o gerenciamento dos pensamentos. Grande parte dos pensamentos procede desse mundo psíquico. O conteúdo do inconsciente é tão grande que pode ser comparado, em relação ao consciente, como o mar em relação a uma rolha de garrafa boiando nas ondas, segundo Yung. Ou como a parte de um **iceberg** exposta fora da água, com sua porção submersa, de acordo com Freud.

Uma técnica eficaz para essa revisão é visitarmos agora o local onde vivemos nossa infância e observar cuidadosamente os objetos que ali se encontravam, à época, e que ainda lá estão. Confrontando a imagem que tínhamos deles com a realidade que vemos hoje ficaremos surpresos e até perplexos. É que, àquela época, enxergávamos tudo grande, inclusive as pessoas, muito maiores que seu verdadeiro tamanho. Isso porque naquele tempo nós éramos pequeninos.

O mesmo fenômeno ocorre com muitos acontecimentos, por vezes traumáticos, pelos quais passamos na vida e que permanecem armazenados em nossa memória. Eles foram para o arquivo mental carregados de emoções e consideravam, além disso, nossa situação física, mental, emocional e etária da época. É possível, portanto, acessá-los e reavaliá-los, promovendo sua ressignificação. Numa perspectiva atual, veremos que os fatos que os geraram podem não ter sido tão graves assim e nem terem a proporção que lhes atribuíamos naquela época. Veremos que, ou não eram tão grandes como pareciam, ou nosso estágio atual de vida nos permitiria resolver agora aqueles "dramas" com muito mais facilidade. Se não dedicarmos algum tempo e esforço nesse trabalho de acesso, reavaliação e reedição mental de tais conceitos, eles continuarão a nos impressionar e fustigar mentalmente, como se fossem reais, enormes e insolúveis. No livro *Inteligência Multifocal* (1998), Augusto Cury aprofunda-se nesse tema, prosseguindo seus estudos nos quatro volumes que compõe a série *Análise da inteligência de Cristo* (2000), além de outros.

3.4

Atualizando nosso conteúdo mental

É imperioso considerar que nós também mudamos. Como tudo que existe no Universo, estamos em constante mutação. Por isso, os problemas que, na época em que ocorreram, mostravam-se intrincados ou até insolúveis, e por esse motivo não conseguimos resolvê-los, hoje não têm mais a mesma importância, nem o mesmo significado. Até mesmo o decurso do tempo, que é tido como grande remédio para as dores morais, pode ter atuado como fator modificativo. Mais que isso, com o correr dos anos fomos adquirindo conhecimentos, aprimorando a capacidade física, intelectual e financeira, além de maturidade e certa autoridade moral, atributo de quem pauta sua conduta em princípios éticos. Toda essa bagagem nos facultaria resolver agora, de forma bem mais fácil, às vezes até ridiculamente simples, aquilo que víamos à época como problemas de difícil solução. Entretanto, as ideias incrustadas em nossa psique e em nossas emoções sobre tais fatos continuarão a influenciar nossa vida caso não nos empenhemos nessa tarefa de análise e ressignificação. Essas impressões arquivadas na mente atuam também na formação atual de pensamentos, emoções e conceitos — daí porque vale a pena revê-las e adaptá-las. Redimensionando-as, poderemos trilhar pelos caminhos da vida com muito mais leveza e felicidade.

Por outro lado, a ciência constatou que a mente está constantemente emitindo pensamentos, os quais se traduzem em ondas mentais. A qualidade deles define a qualidade dessas ondas mentais. Boas ideias geram ondas de maior frequência e menor amplitude ondulatória. Essas ondas constituem-se em energia, matéria sutil que tem cor, densidade e outras propriedades, inclusive curativas. Ideias negativas geram energias destrutivas. Portanto, os pensamentos definem as vibrações em torno do nosso corpo físico, conhecidas como aura e já mensuráveis, inclusive por processo fotográfico (Kirlian). Se cultivarmos ideias adequados, nossa aura, ou psicosfera gerará vibrações de boa qualidade e propiciará a entrada, em nosso corpo físico, de energias compatíveis com tais vibrações, energias boas que inclusive poderão servir de escudo para evitar o ingresso daquelas de má qualidade, geradas por pensamentos inadequados. Os pensamentos destrutivos como ódio, mágoa, tristeza, insegurança etc. geram ondas de alta amplitude e baixa frequência, impregnando nossa psicosfera com esses fatores negativos. Assim, as boas energias encontrarão dificuldade para entrar e as energias inferiores, ao contrário, encontrarão campo próprio. Trata-se da atração existente entre os afins.

PARTE IV

A NATUREZA: DÁDIVA GRATUITA, PRECIOSA E SEMPRE DISPONÍVEL

4.1

A consciência da Unidade

O ser humano é parte integrante e inseparável da natureza. Por isso, quanto mais dela nos afastamos, mais caro pagamos. E quanto mais dela nos aproximamos mais saúde, tranquilidade, acolhimento, sabedoria, compreensão e paz nós encontramos. A Mãe-terra, em cooperação com os astros, estrelas e satélites do firmamento — especialmente o sol e a lua - produz tudo de que necessitamos para nos mantermos vivos e saudáveis. A Natureza, com seus ciclos precisos, sua organização e disciplina e, especialmente, a gratuidade que a caracteriza, proporciona também ao ser humano ensinamentos essenciais para a vida equilibrada, alegre e feliz. Especial destaque cabe à gratuidade, porque esta é inerente ao amor, sendo essa sua principal característica.

No documentário *Evolução*, da BBC inglesa, os cientistas confirmam que fazemos parte da árvore da vida. Somos um de seus ramos. De fato, na constituição do ser humano, a maior parte é água. O cérebro humano, especialmente, é constituído de noventa e oito por cento de água (fonte: Revista *Cassi*); nos demais organismos vivos, essa proporção varia de cinquenta a setenta por cento. Além disso, é o reflexo do firmamento na água que nos proporciona a bênção de morar num brilhante e encantado Planeta Azul. Lembremo-nos dos estudos do Dr. Masaru Emoto (1989), antes descritos, para nos dar conta do impacto que as palavras, os sons, os pensamentos e os sentimentos exercem sobre todos os organismos vivos.

Por outro lado, provas científicas já demonstraram que os chimpanzés, animais que mais se aproximam do ser humano, têm inteligência equivalente à de uma criança de 4 anos de idade. O mesmo chimpanzé consegue realizar as tarefas que uma criança de dois anos e meio realiza. Dizem os estudiosos que o que nos diferencia basicamente dos animais é a utilização da palavra a qual, facilitando a comunicação, ensejou a transmissão de conhecimentos. Por isso, nossa inteligência teria se desenvolvido muito mais que a dos animais tidos por irracionais. Mas será que, na realidade, evoluímos mesmo muito mais do que eles? Testes aplicados em quatro mil espécies de mamíferos constataram que no mundo dos animais tidos como irracionais não existe sadismo. A única dessas espécies que mostrou um mínimo desse sentimento nefasto foi a dos chimpanzés, exatamente aqueles que mais se aproximam do homem.

4.2

Na natureza se encontram todas as lições

Basta nos aproximarmos dela respeitosamente, contemplá-la e compreendê-la para observamos que tudo nela se encontra aos pares e que o poder de adaptação, cooperação e sobrevivência nela é ilimitado. Tudo na Natureza concorre para a continuidade e perpetuidade da vida. Cada um de seus elementos cumpre estritamente a função para a qual foi criada, exercendo, portanto, os dons que lhe foram atribuídos na Criação. Assim, uma semente de caju produz um cajueiro; a de maçã, a macieira etc, dentro de uma ordem e disciplina absolutas.

Amplamente livre, mas também absolutamente disciplinada. Assim é a Natureza. O sol tem hora exata de nascer e de se pôr; as estações do ano se sucedem com extrema precisão etc. O menor animal que habita o planeta, com apenas cerca de vinte milímetros de comprimento não é menos complexo e perfeito do que o maior deles, a baleia azul, que pode pesar cerca de duzentas toneladas. A maior árvore que existe, a sequóia, chega a atingir mais de cem metros de altura e durar mais de dois mil anos (fonte: documentário *A aventura da Evolução da vida*, da BBC). Esse estudo também revela a emocionante colaboração existente entre a maioria das espécies.

Os ensinamentos emanados da Natureza não têm fim. Certo oriental dirigiu-se a seu guru afirmando que não conseguia ver Deus, ao que este lhe respondeu:

— Observe a brisa que promove o trepidar das folhas, as águas correndo no vale, as folhas e as flores em constante movimento na eterna mutação da vida... Aí, você verá Deus.

Certa canção religiosa também apreendeu, com ternura e reverência, esse milagre da criação.

> Obrigado, Senhor,
> Porque és meu amigo,
> Porque sempre comigo
> Tu estás a falar:
> No perfume das flores,
> Na harmonia das cores,
> E no mar que sussurra
> O Seu nome a cantar...
>
> Escondido tu estás, no verde das florestas
> Nas aves em festa, e no sol a brilhar
> Na sombra que abriga, na brisa amiga,
> Na fonte que corre, ligeira a cantar.

4.3

A Natureza ensinando a descobrir a vocação

Pelo fato de na Natureza todos os seres atuarem estritamente no âmbito da vocação para as quais foram criados, acontece este outro milagre: nela tudo se realiza sem grande esforço, em seu ritmo natural, tranquilo, sem pressa. Com os humanos, entretanto, é bem diferente. Estatísticas, em 2006, apontavam para um percentual de aproximadamente sessenta e cinco por cento o número de trabalhadores que atuam fora das respectivas áreas de vocação. Isso representa quase uma tragédia, pois despendem um sobreesforço, produzem menos do que poderiam produzir; trabalham infelizes, contaminando com seu mau humor o ambiente e afetando a todos seus colegas e, por consequência, a sociedade como um todo.

A descoberta e realização da vocação é, portanto, fundamental para o bem-estar e a felicidade. Vale a pena nos empenharmos na tarefa de descobrir a vocação de cada um. Aos pais, professores, diretores, empresários e a nós mesmos cabe essa tarefa. Ouvindo, observando, dialogando, analisando, enfim, todos nós poderemos nos adaptar, e auxiliar na adaptação dos demais, para exercermos os dons com os quais Deus nos aquinhoou e os talentos que adquirimos. Todos ganham com isso, especialmente em felicidade. Entretanto, nesse assunto — como em tudo o mais — é necessário agir com bom-senso; por vezes, teremos de exercer por algum tempo atividades que não nos agradam tanto, como pressuposto para alcançar depois a ocupação ideal.

4.4

Natureza é vida – o convívio com ela melhora a saúde

Com a consciência de integração e unidade, passamos a perceber que a natureza reage aos sentimentos que lhe dirigimos. Em agosto de 2006, viajando para Marília-SP, fui visitar a tia mais idosa da família. Nossa querida tia Nena, com 89 anos. Sua grande paixão eram as flores. Tinha-as de várias espécies, das mais simples até as mais belas (se é possível definir qual a mais bonita), as orquídeas. Adoentada, ela permanecia então numa cama hospitalar, mesmo em sua casa, pois já se encontrava bastante cansada e enfraquecida. Com isso, havia parado de cuidar de suas queridas plantas. Mas seu genro continuou a fazê-lo da mesma forma que ela, colocando a mesma quantidade de água, de adubo, dando-lhes atenção, admirando-as, tudo igual. Só que as plantas começaram a definhar, murchando, enfraquecendo e algumas até morreram. Sentiram profundamente a ausência de quem as criara.

Impressionado com o fato, na viagem de volta, já em Cristalina-GO, a oitocentos quilômetros de Marília, comentei o fato com a senhora proprietária de uma loja de pedras semipreciosas. Ela respondeu que isso acontece mesmo. Uma tia sua também cultivava plantas no jardim. Quando faleceu, todas morreram, apesar dos cuidados extremos da filha, que as tratava com o mesmo desvelo, até porque as flores lhe lembravam o carinho daquele ente querido. Naquela mesma época, foi levado ao ar um programa de TV, o Globo Repórter, em que se divulgava uma pesquisa, segundo a qual, as árvores também têm sentimentos. Mostraram árvores que, quando atacadas por determinada praga, expeliam certa enzima, com forte odor, para tentar afastar ou conter os predadores. Mais do que isso, numa atitude de comovente solidariedade, emitiam sinais para as árvores próximas, avisando do perigo que as rondava.

4.5

Contemplando a natureza

Quando contemplamos algo, nossa alma se funde com a alma do ser contemplado, como ensina o teólogo professor Jorge Ponciano, da Universidade Nacional de Brasília. A alma do ser contemplado e a nossa passam a ser uma. Certa vez, num exercício de ecologia do Curso de Pós-Graduação que eu frequentava na Universidade Internacional da Paz, caminhei pelos arredores da cachoeira e da pequena floresta que emolduram a corrente e as quedas d´água ali existentes. A tarefa consistia em analisar os quatro elementos básicos da natureza: fogo, água, terra e ar. Noto aqui que nesse rol tradicional falta um, justamente o essencial, o espírito, pois atualmente o ser humano é visto como integrado por corpo, mente, alma e espírito.

Perto de uma das quedas d´água havia flores amarelas. Ali me detive, observando, pela primeira vez em minha vida, sem pressa e de forma pormenorizada, a estrutura de uma única flor. O deslumbramento surgiu ao constatar a fantástica beleza de sua cor amarelo-alaranjada, mas, na verdade, indefinível de tão bela. Impossível um quadro de arte reproduzi-la exatamente como é. Nessa pequena flor, quanta beleza e perfeição! Duas camadas de hastes de apoio das pétalas, na base. Porém, não superpostas, mas distribuídas em locais diferentes, simetricamente e em forma de concha, possibilitando a sustentação e preservação daquela obra de arte da Natureza.

Das oito pétalas, três encontravam-se plenamente formadas, justamente as mais expostas à claridade, demonstrando que todo ser vivo se direciona essencialmente para a Luz, seu curso natural. As outras cinco pétalas, um pouco menores, estavam em final de formação, porém não eram menos belas: a estrutura de cada uma era igualmente simétrica, com partes mais sobressalentes e fortes, para apoiar as conformações mais tênues e delicadas. Nas pontas de cada pétala havia pequenas reentrâncias, do mesmo tipo para todas. Apresentavam o mesmo tamanho e todas estavam voltadas para a mesma direção, a da luz do sol que, por sinal, naquele momento estava escondido.

Foi assim que constatei, mais uma vez, que o ser humano não precisa de tantos bens para viver e, especialmente, para se maravilhar. Com efeito, na Fazenda da Esperança, próxima de Brasíla-DF, viviam vinte e cinco internos, adictos recuperandos, com apenas mil e quinhentos reais por mês, segundo informara seu diretor durante palestra que proferiu no encerramento do Curso de Perdão e Reconciliação que frequentamos no Centro Cultural de Brasília em 2006. É verdade que os internos plantam, colhem e cuidam do solo, para prover o próprio sustento e também a própria cura, pois o trabalho consubstancia-se em laborterapia.

Tempos atrás, no quintal de minha residência, no Lago Norte, em Brasília, eu observava as árvores (temos cerca de 20, de vários espécies). Olhando por baixo de uma jabuticabeira de cerca de 2,5 metros de altura, percebi movimento. Era uma pequena pomba, cinza-amarronzada, a chamada popularmente *fogo apagou*. Quando ela me viu, inquietou-se de medo, movimentando o corpo, auscultando e decidindo se voava para longe ou não. Estava em seu ninho. Então resolvi fazer um teste. Comecei a conversar com ela:

— Não precisa ir embora, sou seu amigo, você é muito bonita, fique tranquila, não vou lhe fazer mal, fique tranquila. E ela foi se acalmando. Quando percebi que voltou a aninhar-se, fui me aproximando aos poucos, sempre conversando com ela. Observei, então, que estava chocando ovinhos, de onde sairiam seus filhotes. Movido de carinho, aumentei a ternura na fala:

— Oi, mamãezinha, fique tranquila, não vou lhe fazer mal, gosto muito de você... Observei, nos dias que se seguiram, que ela não foi embora, manteve-se habitando o ninho até que seus filhotes vieram à luz... então se foi, em busca de ensinar os pequenos a sobreviver... Adeus, minha amiguinha alada...

Essas experiências inesquecíveis aconteceram especialmente após os estudos que tenho feito a respeito de Francisco, o Santo da Natureza. Ele se identificou totalmente com a Mãe-terra e todos os seus filhos, comunicando-se com eles, que o amavam profundamente. No livro *Francisco, o Santo relutante*, conta-se que no momento de seu falecimento, quando sua alma deixou o corpo esquálido e doente, uma revoada de pássaros foi observada no local. Eram as irmãs aves despedindo-se de seu amado protetor.

Outra experiência ocorreu certo dia, quando eu estava chegando ao meu local de trabalho, na AGU (SIG). Era época de muita seca e a pombas vinham beber a água que pingava de uma torneira que estava semiaberta e se destinava a regar o jardim adjacente ao prédio. Ao passar por ali a passos apressados, a mente preocupada com os problemas da imensa e incessante engrenagem, que é a vida, percebi que as aves alçaram voo à minha aproximação. Voaram para uma distância segura, o que me entristeceu um pouco. No dia seguinte, fiz um teste, chegando ao mesmo local em passos mais lentos, mentalizando o quanto lhes queria bem (não podia falar, senão os colegas iriam pensar que estava maluco, e estava mesmo, louco de amor pela Natureza). Então cheguei a passos mais calmos e pensando:

— Gosto de vocês, vocês são animaizinhos sagrados, simbolizam a paz... que lindas!

O resultado se fez notar imediatamente, pois não se afastaram do local, e uma delas continuou bebendo água. Novas amigas aladas.

Mais uma experiência comovente aconteceu no mês de abril do mesmo ano de 2005. Fomos para a terra natal, São Paulo, e depois para o litoral, onde passamos duas semanas (Estância Balneária de Peruíbe). Certo dia, com o livro que estava lendo, dirigi-me à praia para apreciar também as belezas do oceano. Num quiosque deserto, à beira mar, sentei-me protegido por seu beiral, porque o sol estava quente. À minha frente, havia uma mureta de cerca de um metro, que protegia contra as ondas na maré alta. Havia areia dos dois lados, mas o lado da praia estava em nível mais baixo. Pois nesse nível mais baixo, logo depois da mureta, apareceu uma pomba (agora daquelas maiores), e ali se acomodou, certamente para descansar da luta de buscar alimento.

Quando me viu, virando o pescoçinho para observar melhor, fez menção de levantar-se e voar. Seu movimento chamou minha atenção e comecei igualmente a conversar com ela:

— Não precisa ir embora, pombinha, você é muito bonita, sou seu amigo... Mas vi que ela continuava se movimentando, parecendo que ia embora. Voltei à leitura. De repente, percebi um movimento bem mais perto de mim, já do lado de cá da mureta. Era ela que passava de um lado para outro, voltava, passava do outro lado, a curta distância, talvez um metro, sem medo. Fiquei emocionado e continuei a lhe dirigir palavras de carinho, agora elogiando:

— Você é linda, olhe que pescoço maravilhoso, furta-cor, arroxeado, lilás, depois verde escuro. Que beleza, e o corpo então, cinza-amarronzado, que linda! Você é muito querida, gosto de você... Ela passava, olhava, ficou um bom tempo por ali. Depois viu uma outra de sua espécie, ao longe, e lá se foi...

Fiquei impressionado e muito feliz. Pensei bastante naquele fato durante o dia, com muita ternura. O dia seguinte era um sábado. Já agora a praia estava mais movimentada com os paulistas que fogem da Capital em busca de calma. Então, para continuar a leitura, não fiquei no mesmo lugar. Sentei-me, juntamente com minha esposa, à sombra de um coqueiro, a uns cinquenta metros da barraca. Em meio à leitura, parei um pouco e me lembrei da minha amiga pombinha. Comentei o fato com minha mulher. Daí a pouco vi, com grande ternura, que vinham passeando duas ou três pombinhas. Uma delas certamente era minha amiguinha do dia anterior... Passou olhando como quem quer flertar, declarar seu amor... observei, pelos desenhos e pelo tamanho, que deveria ser ela mesma... Caminhava calmamente, olhando... Que saudade da minha amiguinha, aqui no Planalto Central, a mais de mil quilômetros de distância. Mas, como disse o poeta, alguém se apaixonou por uma cachoeira e, por isso, passou a amar a montanha inteira que a abrigava. Todo o Universo está, a todo instante, exibindo sua extraordinária beleza para que, movidos de compaixão, caminhemos mais felizes pelas veredas do mundo.

4.6

Tudo na Natureza se interrelaciona

Quer no reino animal, quer no vegetal e até mesmo no mineral, tudo na natureza se encontra disposto de forma a propiciar a continuação da vida, não só em nosso belo e brilhante Planeta Azul, mas também em todo o Universo. O ar puro que hoje respiramos e que nos garante a continuidade da vida é o mesmo que sempre existiu dentro da atmosfera terrestre. A respiração é o nosso contato com o mundo e até mesmo com Deus, que inalou em nós o sopro vivificante. Dentro da curiosidade que caracteriza as crianças, um garoto perguntou à sua mãe, que lhe ensinara ser o ar que respiramos o mesmo oxigênio que sempre alimentou a vida na Terra:

— Então o ar que estou respirando pode ser o mesmo que Jesus respirou?

Emocionada com a profundidade da pergunta, ela teve de responder afirmativamente.

Meu filho Cristiano, médico formado pela Universidade Estadual de Campinas (UNICAMP), dizia-me que cães recolhidos pela "carrocinha", quando são levados ao laboratório, a fim de serem sacrificados para os estudos científicos que ali se realizam, pressentem a proximidade da morte. Ficam muito agitados e emitem um determinado tipo de odor, para avisar do perigo iminente aos outros cachorros que estão presos em compartimentos próximos. Estes recebem a mensagem e a compreendem, passando a debater-se e a latir desesperadamente, na vã tentativa de fugir da prisão. Os alunos cognominaram esse fator de "cheiro da morte". Trata-se de um aviso aos outros para fugirem, não se deixando imolar. Emocionante a solidariedade manifestada por parte de um ser cuja vida se encontra por um fio.

A cooperação que existe na Natureza é marcante. Impressionam também os artifícios de que lançam mão para se adaptar ao meio ambiente e, assim, sobreviver. No mimetismo, por exemplo, os animais assumem a cor dos troncos de árvores, das folhas ou da areia do fundo do mar, para enganar os predadores. As folhas do pé de maracujá, por exemplo, emitem saliências coloridas, imitando os ovos de lagartas, para enganá-las. É que estas só depositam suas larvas nas folhas em que ainda não foram depositados ovos. Esses ovos são comparados a uma bomba-relógio, porque deles saem lagartas com um apetite sem fim. Devoram em pouco tempo as folhas, acabando com a árvore. Os exemplos de cooperação, adaptação e artifícios de sobrevivência, no reino vegetal ou animal (e possivelmente também no mineral), não têm fim.

4.7

Sonata ao luar

O músico Enrique Baldovino, discorrendo sobre Beethoven, registrou este relato comovente:

> Quem de nós não teve um momento de extrema dor, sentindo-se só, a ponto de ter a sensação de quem perdeu a esperança? Nem mesmo as pessoas famosas, ricas, importantes, estão isentas de terem seus momentos de solidão e de profunda amargura. Foi o que ocorreu com um dos mais reconhecidos compositores de todos os tempos, chamado Ludwig Von Beethoven, que nasceu no ano de 1770, em Bonn, na Alemanha, e faleceu em 1827, em Viena, na Áustria.
>
> Beethoven vivia um desses dias tristes, sem brilho e sem luz. Estava muito abatido pelo falecimento de um príncipe da Alemanha, que era como um pai para ele. O jovem compositor sofria de grande carência afetiva. O pai, alcoolista contumaz o agredira fisicamente. Faleceu na rua, por causa do alcoolismo. Sua mãe morreu muito jovem. Seu irmão biológico nunca o ajudou em nada,

e, soma-se a tudo isso, o fato de sua doença agravar-se. Sintomas de surdez começavam a perturbá-lo, a ponto de deixá-lo nervoso e irritado. Beethoven somente podia escutar usando uma espécie de trombone acústico no ouvido. Ele carregava sempre consigo uma tábua ou um caderno, para que as pessoas escrevessem suas ideias e pudessem se comunicar, mas elas não tinham paciência para isso, nem para ler seus lábios.

Notando que ninguém o entendia, nem o queriam ajudar, Bethoven se retraiu e se isolou. Por isso conquistou a fama de misantropo.

Foi por todas essas razões, que o compositor caiu em profunda depressão. Chegou a redigir um testamento, dizendo que iria se suicidar. Mas como nenhum filho de Deus está esquecido, veio a ajuda espiritual, por meio de uma moça cega, moradora da mesma pensão pobre para onde Beethoven havia se mudado, que lhe falou quase gritando:

— Eu daria tudo para enxergar uma Noite de Luar.

Olhando para o céu prateado de luar, e lembrando da moça cega, como a perguntar o porquê da morte daquele mecenas tão querido, ele se deixa mergulhar num momento de profunda meditação transcendental. Alguns estudiosos de música dizem que as três notas que se repetem, insistentemente, no tema principal do 1º movimento da Sonata, são as três sílabas da palavra "*why*" (Por quê) ou a palavra sinônima "*weil*", em alemão.

Anos depois de ter superado o sofrimento, viria o incomparável Hino à Alegria, da 9ª sinfonia, que coroa a missão desse notável compositor, já então totalmente surdo. Hino à Alegria expressa a sua gratidão à vida e a Deus, por não haver se suicidado. Tudo graças àquela moça cega, que lhe inspirou o desejo de traduzir, em notas musicais, uma noite de luar.

Usando sua sensibilidade, Beethoven retratou, pela melodia, a beleza de uma noite banhada pelas claridades da lua, para alguém que não podia enxergar, pelo menos com os olhos físicos.

(Fonte: matéria veiculada pela Internet).

4.8

O pardal

Uma história comovente de preservação é relatada no livro de Wallace Leal V. Rodrigues (1979, p.120 a 122). Conta-se que:

Quando Pedrinho tinha onze anos, um amigo de seu pai deu-lhe de presente uma espingarda de brinquedo. Seu pai agradeceu-lhe, polidamente, porém sem nenhum entusiasmo. Pedrinho os deixou e correu ao pomar. Sua primeira vítima foi um pardal. Pedrinho se lembra de que, apesar do orgulho que sentiu por ser tão bom atirador, teve vaga sensação de culpa ao ver cair o passarinho. Sua insegurança o levou a procurar seu pai. Encontrou-o ocupado em retirar de uma teia de aranha os insetos e moscas que ali se haviam aprisionado, colocando-os depois em uma caixinha de fósforos.

— Para que é isso, papai? Perguntou.

— Venha comigo e eu lhe mostro.

Levando o menino ao jardim, mostrou-lhe, então, entre a espessa folhagem de um arbusto, um ninho onde se achavam quatro pássaros implumes. Abrindo a caixa com cautela foi colocando as moscas e os insetos nos biquinhos abertos. Pedrinho compreendeu o motivo e se ofereceu para ajudá-lo.

— Não é coisa fácil, disse seu pai.

Depois disso o menino passou a tarde procurando insetos e remexendo a terra para ver se encontrava minhocas. De noite, seu pai agasalhou os passarinhos com um pouco de algodão.

Na manhã seguinte o pai veio ao quarto de Pedrinho, quando ele ainda se estava vestindo. Trazia nas mãos um dos pequeninos pássaros, já morto.

— Morreu durante a noite, explicou ao mostrá-lo. — Vamos fazer tudo para salvar os outros.

Terminado o jantar, àquela noite, pai e filho encontraram no ninho uma segunda vítima do frio. Alguns dias depois, estando Pedrinho a tomar o café da manhã, entrou seu pai, trazendo o terceiro filhote, igualmente inanimado.

— O último, porém, parece forte e resistente como poucos, observou sorrindo. — Creio mesmo que, em breve, ensaiará as asas. Mas o pobre orfãozinho — acrescentou — há de passar por maus momentos, pois não tem quem lhe ensine os segredos do voo e, embora não pareça, talvez esteja um pouco fraco. Os pássaros assim novinhos precisam receber alimento a todo instante e nós não chegamos a alimentá-los em tempo, como necessitavam.

Pedrinho e seu pai foram encontrar o pequeno sobrevivente, a balançar-se amedrontado sobre um galho. O fato de que aquele passarinho precisava voar tornara-se, aos olhos do menino, de suprema importância. Foi quando o viram de repente, soerguer-se no espaço. Bateu as asas quanto pode, mas em vão; um segundo depois caía sobre a relva. Agitou-se num tremor e... morreu.

— Pobrezinho, não teve sorte, observou o pai.

Sentindo-se tomado de remorsos, Pedrinho exclamou por fim, sem mais poder conter a angústia que lhe ia na alma:

— Papai, a culpa é minha! Fui eu que matei a mãe deles!...

— Eu sei, meu filho: vi você fazer aquilo. Não se aflija; são raros os meninos que não fazem o mesmo. Quis apenas mostrar-lhe que, ferindo alguém, ferimos, ao mesmo tempo, outras pessoas e até mesmo as que mais amamos ou as que mais nos amam. E é, não raro, maior o mal que assim fazemos a nós mesmos.

4.9

Preservar a Natureza é preservar o ser humano

O preço que a Humanidade paga pelo desrespeito com que muitos tratam a natureza é elevadíssimo. Exemplo recente ocorreu no sul dos Estados Unidos, na tradicional cidade de Saint Louis, Filadélfia, que, construída cinquenta centímetros abaixo do nível do mar, foi completamente destruída pelo furacão Katrina. Na reconstrução da cidade, a cegueira belicosa dos governantes insensíveis que haviam tomado assento na administração daquele país decidiu pela reedificação no mesmo lugar.

Parece que são orgulhosos demais para entender o recado da Natureza. Eles pagam um alto preço por sua arrogância e o pior é que, em muitos casos, o resto do mundo paga também. Recusaram até adesão ao Protocolo de Kyoto sobre a preservação do Planeta. Por isso, todo o mundo percebe que estão em queda livre. E assim, continuarão caso não alterem essa postura belicosa, desrespeitosa e prepotente. Esse tipo de governo continua praticando a anticultura do herói/mocinho, que desconhece ou não dá importância aos caminhos humanitários do amor, da compreensão, da não-violência e do perdão. A renovação do Congresso norte-americano (novembro/2006) já mostrava certa reação a tal descalabro. O partido do presidente Bush perdeu a maioria. E a eleição de Barak Obama pode representar o advento de novos tempos para seu povo.

A reação a esses desmandos, entretanto, já se faz sentir mais intensamente. Os jornais de 3 de fevereiro de 2007 noticiavam as conclusões do "Painel intergovernamental sobre Mudanças Climáticas (IPCC)", promovido pelas Nações Unidas: confirmou-se que a atividade humana desordenada é a principal causa do aquecimento global, que começa a provocar danos talvez irreversíveis. "Há 90% de certeza de que o homem é a causa desse transtorno", asseverou o relatório.

A iniciativa de equacionar o problema, analisando suas causas, consequências e maneiras de evitar o caos, já representa certo alívio para a Humanidade. Como ensina o Dalai Lama, no livro *A arte da felicidade* (2000), o primeiro passo para se evitar o sofrimento é a disposição para analisar suas causas e, a partir daí, encetar com coragem as medidas para evitar o mal.

As injustiças, especialmente as reiteradas, provocam crises e estas, por sua vez, provocam rupturas que, por seu turno, podem ensejar o recomeço da história. Porque, como se diz no interior deste nosso maravilhoso Brasil, "quando a fruta apodrece na árvore, ela acaba caindo sozinha".

PARTE V

VIVAMOS ESTE PRESENTE PRECIOSO: O AGORA

5.1

Serenidade, harmonia e paz

É na conversão e na CALMA que se encontra a salvação, ensinou o Apóstolo Paulo. De fato, é necessário estarmos tranquilos para atingir o discernimento que possibilitará distinguir entre o certo do errado, o útil do inútil, o bem do mal. Tenhamos sempre em mente que tudo o que Deus criou é bom. Admitir-se o contrário seria acreditar que o mal está também em Deus, o que é impossível. Consequentemente, o uso que o homem faz das coisas criadas é que pode ser adequado ou inadequado, bom ou mau.

Para vivermos alegres e felizes é necessário estarmos conscientes daquilo que os sentidos podem perceber. Eles configuram o portal de acesso e os meios de contato com o mundo. Também quanto aos sentidos é necessário atenção para não se deixar enganar por determinadas propagandas veiculadas na mídia, pois eles são especialmente estudados e explorados pelos meios de divulgação. Utilizam todos os recursos, de modo especial os sentidos, para nos induzir a acreditar que precisamos de certos produtos, os quais nem sempre nos são efetivamente necessários. Esta frase, atribuída a Santo Agostinho, traz excelente diretriz sobre a questão do consumo: "Quem com o suficiente se contenta verá que de pouco necessita".

A oração, o relaxamento, a meditação e a tranquilidade daí advindas possibilitarão esse discernimento. Tudo isso, naturalmente, assentado nos conhecimentos adquiridos, especialmente aqueles provenientes da Bíblia Sagrada, que é o maior manancial de sabedoria existente. No livro *Jesus, o maior psicólogo que já existiu* (2005) seu autor, M. W. Baker, confrontou as perturbações psíquicas de seus clientes, nos últimos vinte anos, com os ensinamentos do Mestre Eterno. Ali encontrou solução e cura para todos os casos estudados, não só com relação às doenças psíquicas, mas também para muitos dos males físicos, já que, por vezes, estes derivam daquelas, que se somatizam.

5.2

Quando relaxamos e entramos em contato com nossa própria alma nossos sonhos se realizam

O teólogo Leonardo Boff (2001), mergulhado em seus estudos de antropologia, trafegava da cidade do Rio de Janeiro para Petrópolis, onde reside. Transportava em seu automóvel um índio. A certa altura, em plena Serra do Mar, o silvícola lhe pediu que estacionasse o veículo. Ele parou no acostamento e ficou esperando. Imaginando tratar-se de necessidades físiológicas, aguardava o tempo suficiente. Mas como seu passageiro demorava a voltar, olhou pelo retrovisor. O indígena estava de pé, no acostamento, de costas para a estrada e olhando longamente para o verde intenso da floresta. Preocupado, julgando que surgira algum problema de saúde, Leonardo desceu do carro e lhe perguntou o que estava acontecendo. Eis a resposta: "Você correu demais. Preciso parar um pouco para esperar a minha alma."

Quantos de nós e com que frequência, no corre-corre do dia ou no tumulto dos pensamentos, não nos afastamos também de nossa alma? Pode, então, acontecer aquilo que o Dalai Lama, quando perguntado sobre o que mais o surpreendia na Humanidade respondeu:

> Os homens... Porque perdem a saúde para juntar dinheiro, depois perdem dinheiro para recuperar a saúde. E por pensarem ansiosamente no futuro, esquecem do presente de tal forma que acabam por não viver nem o futuro nem o presente. E vivem como se nunca fossem morrer... e... morrem como se nunca tivessem vivido...
>
> (Fonte: texto veiculado pela Internet).

5.3

Os sinos do templo

Esta fábula da sabedoria Sufi, mencionada no livro *O canto dos pássaro* (1993, p. 33-34), de Antony de Mello, retrata bem a realidade de que, quando serenamos a mente encontramos a calma, o discernimento e a sabedoria para conseguir, com equilíbrio e tranquilidade, aquilo a que aspiramos. Até porque nesses momentos de paz abrimos espaço para ouvir a bondosa orientação de Deus, que nos chega tantas vezes por meio da intuição:

> O templo estava situado numa ilha, a cerca de quinze quilômetros da praia. Era cheio de sinos, uns pequenos e grandes outros, todos construídos pelos melhores artesãos do mundo. Quando o vento soprava e a tempestade embravecia o mar, todos os sinos tocavam juntos uma sinfonia que extasiava as almas dos ouvintes. Mas, com o passar do tempo, aquela ilha afundou-se no mar, levando templo e sinos. Diz uma tradição que os sinos continuaram a emitir os seus sons constantemente,

podendo ser ouvidos por qualquer que tentasse escutar com atenção.

Inspirado por essa tradição, um jovem viajou mais de mil e quinhentos quilômetros determinado a ouvir o som dos sinos. Sentou-se, então, na praia, bem em frente daquele ponto onde estivera a ilha e ali permaneceu dias e dias, sempre de ouvido e coração atentos. Mas o que apenas conseguia ouvir era o oceano quebrando-se na praia. Fez tudo para filtrar o som das ondas e eliminá-los a fim de ouvir os sinos. Porém, era inútil, pois o som do mar parecia inundar o mundo inteiro. Passou semanas lá, nessa esperança, e sempre que o desânimo chegava, procurava os habitantes do povoado e gurus que falavam com unção sobre a lenda do templo e das pessoas que haviam escutado o som dos sinos, provando que era história verdadeira.

E o jovem, ao ouvir tais narrações, sentia o coração sempre inflamar-se. Mas cedo seu desânimo voltava, depois de outras semanas de atenção, tentando ouvir o som que nunca ouvia. Finalmente, cansado, desistiu, julgando que, talvez, ele não fosse um feliz destinado a ouvir os sinos. Talvez a própria lenda fosse falsa; retornaria, portanto, à sua casa dando por fracassado seu esforço. Era o último dia... Ele voltou ao favorito posto lá da praia para dizer adeus ao mar e ao céu, às gaivotas, aos ventos e aos coqueiros. De costas sobre a areia olhava o azul ouvindo o som das vagas que chegavam.

Não conseguiu, porém, naquele dia, resistir à beleza desses sons aos quais inteiramente se entregou. Como achou belo, então, e quão relaxante o rugido das vagas sobre a areia! E de tal modo se perdeu no som do mar que

> mal tinha consciência de si mesmo, ante aquele silêncio tão profundo que o mar criara dentro de seu peito. Pois foi no mais profundo do silêncio, deste silêncio bom, que ele escutou: o bimbalhar de um sino, depois outro e mais outros... milhares deles logo após. Eram sinos sonoros, aos milhares, repicando em suave sinfonia, enchendo-o de extática alegria.

Essa alegoria comprova a verdade profunda apregoada por S. Paulo, que a aprendeu de Jesus Cristo, no sentido de que é quando estamos calmos, tranquilos, em harmonia, que as melhores coisas nos acontecem. São bem conhecidos os casos de mulheres que desejam ansiosamente engravidar, sem conseguir. Elas lançam mão de todos os meios conhecidos que entendem lícitos para isso, mas não alcançam seu objetivo. Quando, por fim, relaxam e adotam uma criança, então aí sim engravidam.

5.4

Relaxe e viva feliz

Esse é o título de um livro da Dra. Núbia Maciel França (1996), um sucesso editorial com mais de 40 edições publicadas. Sua autora, que é advogado e professora de controle mental, juntamente com Pe. Haroldo Rahm, de Campinas-SP, ministram cursos de relaxamento e oração. A renda assim obtida é empregada na manutenção da Fazenda do Senhor Jesus, local de acolhimento e recuperação de pessoas que tiveram a infelicidade de mergulhar no mundo das drogas. A dupla apresenta, semanalmente e há muitos anos, um programa pela Rede Vida de Televisão com o mesmo título do livro.

Ela ensina que, por meio do relaxamento, podemos acessar informações mais profundas, aquelas que brotam de nosso próprio interior. A palavra latina *educcere* significa tirar de dentro, extrair. Isso acontece porque o relaxamento possibilita a expansão da consciência em nosso mundo subjetivo. Talvez essa constatação tenha levado Antoine Saint-Exupery a declarar, em seu imortal *O pequeno príncipe* (2006), que o essencial é invisível aos olhos, só se vê bem com o coração.

O reino dos céus está dentro de você, afirmou Jesus Cristo. Não é por outro motivo que todos os sábios e santos concordam que não precisamos ir a lugar algum para encontrar a liberdade, o amor e a paz. Nosso maior libertador somos nós mesmos. "Alguém amou e, amando, encontrou a si mesmo", constatou certo poeta, sugerindo a imensidão do paraíso que existe no interior de cada um.

Para conseguir um bom relaxamento é importante escolher a posição corporal adequada. Pode ser aquela adotada pelos antigos egípcios, que costumavam sentar-se em cadeiras, sem recostar no espaldar, com os olhos fixos à frente, palma das mãos sobre os joelhos, os calcanhares unidos e os dedos das mãos separados. Muitas estátuas representam essa posição. A chave dessa postura é que a espinha fica reta e deixa as costelas livres para uma respiração profunda. Os hindus costumam relaxar sentados no chão, com as pernas cruzadas. Os bem exercitados ficam na posição de lótus, com as solas dos pés voltadas para cima e o corpo equilibrado, para não entrar em transe. Também se pode relaxar deitado, mas nessa posição o sono pode chegar mais facilmente.

Olhos semicerrados (naturalmente quando não estivermos executando qualquer outra atividade — e muito menos dirigindo veículo): com isso relaxamos as pálpebras. O Dr. Jacobson, da Universidade de Chicago, em pesquisas de mais de vinte anos, concluiu que, com as pálpebras relaxadas não se consegue ter preocupações, porque se produz o relaxamento físico, facilitando o relaxamento mental, que não pode coexistir com as preocupações. É aconselhável a imobilidade durante o relaxamento, assim como uma respiração profunda e vagarosa, que deve ser repetida várias vezes. Durante o relaxamento, as frases afirmativas são repetidas reiteradas vezes, transformando-se em mantras. Assim essas proposições otimistas calarão mais profundamente em nosso mundo interior, e com muita eficiência. É que a partir de determinado número de repetições, esses conceitos deixarão de submeter-se ao crivo da razão, mergulhando diretamente dos pensamentos para as regiões mais profundas da consciência (subconsciente e inconsciente).

Certo mantra ensinado pelo farmacêutico francês Emile Coué, o qual ele recomendava aos seus clientes e entregava por escrito juntamente com a receita dos medicamentos, afirma: "Estou cada vez melhor, melhor, melhor". Deve ser repetido pelo menos vinte vezes de manhã, outras tantas no meio do dia e mais vinte vezes à noite. Pe. Haroldo adotou um mantra muito eficaz, segundo ele, que lhe tem proporcionado saúde e serenidade: "Jesus cura-me a cabeça, o corpo e o coração, Amém." Diz ele que após ter adotado esse mantra, as doenças que antes o acometiam sumiram de sua vida.

Eu também tenho exercitado esse mantra, experimentando o quanto é relaxante e profundo. Práticas como a Yoga, o Reiki, o Aikidô, o Tai Shi e tantas outras, em geral de origem oriental, ensinam a arte do relaxamento e, dentro dele, a da meditação. Existem grande quantidade de livros, CDs e outros meios dos quais podemos lançar mão para mergulhar nessa prática fundamental para quem busca a paz. O Dalai Lama exercita a mente desde os cinco anos de idade. Ele declarou que acorda às 3h30 da madrugada para praticar a meditação.

5.5

Sidharta Gautama, o Buda, e a meditação

Ele nasceu no ano de 558 a. C. e viveu cerca de 80 anos. O ponto central de sua vida foi praticar e ensinar a meditação como forma de reencontro consigo mesmo e, consequentemente, atingir a iluminação, a qual ele alcançou aos 35 anos de idade. Afirmava que não reconhecer a lei da impermanência é próprio do ignorante, pois é a ilusão da permanência que leva ao desejo ilegítimo do apego à riqueza e à rejeição à pobreza, como se houvesse algo que podemos segurar para sempre. Nessas imperfeições estariam as raízes de todo sofrimento. Ele indica oito caminhos para nos libertarmos do sofrimento: 1) compreensão (que é ligada aos órgãos dos sentidos); 2) pensamento; 3) palavra; 4) ação; 5) modo de vida; 6) esforço/empenho; 7) atenção (viver no momento presente) e 8) concentração (meditação ou sabedoria).

Segundo ele, a meditação promove a integração do corpo com a mente. Mas hoje se sabe que pode integrar também o espírito, porque cada vez mais avança a ideia da unidade e integralidade do ser humano. Além disso, da unidade e integração dele mesmo com os outros seres e com o Planeta. A meditação, portanto, leva à sabedoria. Buda jamais julgou alguém. Sempre viu nos seres uma pérola que, por vezes, estava obscurecida e, por isso, tinha de ser descoberta e despertada, para brilhar. Conforme explica o monge budista brasileiro Walter Lindeman, depois de Gautama já vieram mais 28 Budas. O Dr. Walter ensina que, por volta do ano 500 d.C., o budismo virou religião, perdendo a partir daí muito de sua força viva.

Pensamos, respeitosamente, que o Buda original bem poderia ter sido considerado como um dos profetas do cristianismo, na medida em que ensinou a controlar a mente. Com isso, ajudou também a preparar os caminhos para a vinda de Jesus. Com efeito, Cristo pregava, recomendava e praticava o recolhimento, a meditação, a concentração, o desapego, a calma, a vida no presente. Chegou a se afastar durante quarenta dias para ficar em contato com o Pai, segundo afirmam os Evangelhos Sagrados. Ensinava, inclusive, que é mais fácil ao homem dominar uma cidade do que a si próprio.

Esse fato foi confirmado pelo imperador Alexandre Magno, que declarou ter-lhe sido mais fácil conquistar o mundo do que conquistar-se. Sabe-se agora que ele jamais conseguiu dominar-se e — talvez por isso mesmo — morreu muito cedo, com cerca de trinta anos, após ter conquistado grande parte do mundo conhecido naquela época. Mas sua beligerância e sede de conquista se derivavam do medo que o acometia com frequência, segundo ensinam alguns historiadores. É imperioso, portanto, acalmarmos nossa mente que, por vezes, vive num turbilhão de pensamentos, os quais podem provocar estresse, confusão, medo e dificuldade para alcançar a felicidade a que temos direito.

5.6

Concentrando-se na respiração

Nos ensinamentos orientais, conta-se a história segundo a qual uma pessoa do Ocidente estava com tantas preocupações, quase enlouquecendo, quando alguém lhe indicou um guru oriental, que resolveria todos os seus problemas. Muito rico, ele viajou para encontrar-se com tal guru. Chegando à cabana modesta do sábio, relatou suas aflições. Depois ouviu suas recomendações, que consistiam nisto:

— Vá lá para o quintal (que era de terra), fique embaixo daquela árvore frondosa que lá está, coloque-se em posição de meditação e apenas respire... preste atenção apenas à sua respiração. Faça isso durante dois dias, depois volte e me fale sobre seus problemas.

Dois dias se passaram. O consulente havia cumprido rigorosamente a determinação. O Guru, finalmente, lhe perguntou: "Agora sim, diga-me quais são seus problemas." A resposta foi pronta: "Não tenho mais problemas, sumiram todos".

A respiração tem imensa força curativa. Ela acompanha nossas emoções. Quando criança, respirávamos calmamente, de forma profunda, o ar inspirado alcançava o diafragma, exercitando-o. Expirávamos também profundamente, de modo a expulsar todas as impurezas de dentro de nós. Mas crescemos e nossas emoções se alteram frequentemente, alterando também o ritmo de respiração. Esse fato resulta muitas vezes numa respiração superficial, incompleta, insuficiente, a chamada respiração torácica. É necessário, portanto, estarmos atentos à necessidade de praticar a respiração correta, implementando definitivamente essa prática em nossa vida.

5.7

O Estresse a seu favor

A Dra. Suzan Andrews (2003) ensina que o estresse, até certo nível e sob controle, é salutar e necessário. Tanto é que, se não fosse pelo estresse, não haveria um humano ou mesmo qualquer outra criatura viva neste planeta. Trata-se de uma reação biológica que ocorre em todos os animais, desenvolvida no decorrer de milhões de anos de evolução, para salvar nossas vidas numa emergência. Se, por exemplo, um animal perigoso repentinamente saltar em você, rugindo e prestes a lhe estraçalhar o corpo, você precisa fugir rapidamente e isso provoca um alto nível de estresse. Então, instantânea e instintivamente o seu corpo fica pronto para a defesa ou para a fuga. Seu cérebro ativa o sistema nervoso simpático que, por sua vez, ativa as glândulas suprarrenais. A adrenalina, hormônio do estresse, é então secretada no sangue, para colocar seu corpo em marcha, fugindo do perigo:

> Em 2,5 segundos, seu corpo passa por 1400 reações físico-químicas que fazem de você um super-humano... Seu coração começa a bater mais rápido e seus pulmões

respiram mais rapidamente para lhe dar mais oxigênio. Seu fígado usa o glicogênio que está armazenado e o transforma em superforte glicose, para lhe dar energia instantânea.

No caso de o perigo persistir e você precisar de ainda mais energia, suas suprarrenais secretam um outro hormônio do estresse, o cortisol, e seu fígado começa a mobilizar as reservas de gordura para queimar mais combustível. O cérebro vai a mil por hora, de modo que você possa pensar rápido nessa emergência; os músculos se contraem, formando uma couraça para protegê-lo dos ferimentos. Seu sistema imunológico é colocado em alerta para que não haja inflamação no caso de ferimento. Esse processo era extremamente útil para os homens das cavernas e ainda o é em caso de emergências como, por exemplo, quando uma buzina estridente é acionada enquanto você está atravessando uma rua. Aquela superexplosão de energia acontece e você dá um salto, escapando por pouco. Ufa! Essa foi por pouco... (ANDREWS, 2003, p.25-26).

Mas o fato é que os problemas vão surgindo e nos agredindo constantemente. Eles procedem de todos os lados, são muitas vezes mais imaginários do que reais, especialmente quando não configuram ameaças efetivas à nossas vidas, mas sim aos nossos egos, à nossa autoimportância. Tratase do estresse emocional ou social. Mas nas duas hipóteses podem causar danos, caso não consigamos resolvê-los ou neutralizá-los num tempo razoavelmente curto. Há pesquisas demonstrando que as pequenas tensões diárias, se acumuladas, causam mais distúrbios do que as maiores crises da vida, como, por exemplo, perda de emprego, divórcio ou viuvez.

Pesquisas referidas por ANDREWS, 2003, levadas a efeito pelo neurocientista Roberto Sapolsky, da Universidade de Stanford, EUA, comprovaram que a secreção do cortisol, a longo prazo é tão tóxica que mata milhões de neurônios de uma parte do cérebro chamada hipocampo. Órgãos como coração, pulmões, pâncreas podem ser afetados, assim como podem surgir dores nas costas e cefaléia. É que o sistema imunológico fica deprimido, tornando-nos vulneráveis a uma infinidade de doenças, incluindo a depressão, definida por Freud como uma tempestade ou uma agressão voltada para dentro. O estresse, entretanto, não é algo que aconteça fora de nós. É algo que nós mesmos criamos, dependendo de como interpretamos as situações e de como nos relacionamos com o mundo à nossa volta. A reação do nosso corpo depende da avaliação que fazemos daquele determinado evento da vida. A maior parte do estresse dos seres humanos, portanto, é de natureza psicológica, está em nossas mentes.

O caso histórico dos índios americanos, bem exemplificado na carta de certo chefe Sioux àqueles que queriam adquirir suas terras, esclarece essa situação: obrigados a deixar suas propriedades, viram isso não como um desafio, mas como ameaça. Assim, tiveram de sair de suas aldeias para viver em reservas, somente alguns quilômetros adiante, onde inclusive tinham melhor padrão de vida, incluindo saneamento básico. Esses fatores, porém, não lhes proporcionaram saúde melhor. Ao contrário, tornaram-se doentes e a taxa de mortalidade elevou-se sensivelmente.

Os problemas não devem ser encarados como ameaças, porque eles podem nos ajudar a crescer. Desenvolvem nossas mentes para níveis mais elevados de energia, integração e consciência. Se vão nos fazer bem ou mal depende da forma que os encaramos e, principalmente, do teor de nossos pensamentos a respeito deles. Buda ensinava que nos pensamentos começam todos os pecados, mas podemos acrescentar que é também por meio deles que acontecem inclusive as bênçãos. Thomaz Edison, quando instado a se manifestar sobre a persistência no invento da lâmpada elétrica, depois de ter fracassado 10.000 vezes, afirmou: "Eu não fracassei dez mil vezes. Ao contrário, fui bem sucedido em encontrar dez mil maneiras que não funcionam". Trabalhar na área para a qual se está vocacionado, dedicar-se a uma causa "maior do que sua própria vida", como tantos fizeram e continuam fazendo (por exemplo: Madre Teresa, Luther King, Gandhi, Zilda Arns e tantos outros), consubstancia-se em forte motivação para afastar o estresse pernicioso, o chamado tecnicamente "eustresse". Desviar da sobrecarga de informações trazidas pela mídia nos ajudará também a evitar o excesso destrutivo de estresse.

Cada ser humano tem seu nível ótimo de estresse, o que lhe proporciona a estimulação suficiente para transitar bem pela vida. Não permitir que ultrapasse esses níveis desejáveis é o segredo para maximizar a sua produtividade, crescimento pessoal e estado de saúde. Dra. Suzan (2003, p. 64) diz que:

> O truque é contrabalançar a ativação com o relaxamento, é saber como "esfriar a cabeça" e dar um tempo rapidamente, até mesmo naquelas situações extremamente

> estressantes de nossas vidas... Há duas regras para lidar com o estresse. A regra número um: não se preocupar com ninharias; a regra número dois: tudo é ninharia.

Cabe-nos, portanto, não fazer tempestades em copo de água.

5.8

A respiração diafragmática relaxa e faz bem à saúde

A âncora da meditação é a respiração. Para uma respiração correta é importante prestarmos atenção no ritmo em que estamos respirando, corrigindo-o quando necessário. É por isso que os quadros que retratam o Buda, tradicionalmente, o mostram com a coluna ereta, relaxado. Quanto à respiração torácica ou superficial alguém poderia argumentar: "mas eu estou fazendo isso há muito tempo; então qual o problema?" Sim, você está respirando o tempo todo dessa forma, mas não o está fazendo de forma completa, ideal para ajudá-lo a relaxar, como o é a respiração abdominal. Frequentemente a maneira errada de respirar aumenta o nível do estresse indesejado.

Todos nós nascemos com padrões naturais de respiração abdominal, usando o diafragma, um grande músculo, situado abaixo dos pulmões. É possível constatar esse fato ao verificar que tanto os bebês quanto os animais inspiram naturalmente, distendendo o diafragma para baixo, de modo a absorver o máximo de oxigênio nos pulmões, e expiram pela contração desse músculo, puxando-o para cima, de modo a expelir o dióxido de carbono e as toxinas para fora dos pulmões. Acontece que nossa respiração acompanha o ritmo das emoções. Quando crescemos, as emoções se alteram, oscilam e com isso, deixamos inconscientemente de respirar segundo a programação com que chegamos ao mundo. Quando estressados, começamos a respirar toracicamente, usando não o diafragma, mas os músculos torácicos do peito, preenchendo com ar, assim, apenas um terço dos pulmões. Isso automaticamente estimula o sistema nervoso simpático junto à resposta "defesa ou fuga".

Em muitas crianças, já se observa padrões alterados de respiração. Em adultos, mais ainda. Eles às vezes querem "manter a barriga para dentro" e, além disso, usam cintos que lhes apertam o abdômen, dificultando a respiração diafragmática, pois esta tem de atingir a região abaixo do umbigo. Não foi por acaso que os orientais, assim como os irlandeses, tradicionalmente adotaram o uso de roupas soltas, hábito que, lamentavelmente, vem sendo alterado por influência da "cultura" ocidental. Como resultado, privamo-nos de energia, sentindo-nos cansados, ansiosos e deprimidos, com concentração e energia mental baixas.

A respiração diafragmática profunda, sendo a maneira natural de respirar, aumenta o oxigênio e a energia do corpo, proporcionando vários benefícios à saúde na medida em que estimula todo o corpo a melhor cumprir sua missão. Quando o diafragma se move, na respiração abdominal, todos os órgãos internos são massageados e banhados em sangue fresco, com muito mais oxigênio, especialmente o coração. Pesquisas realizadas pelo Dr. Jack Shields, citado por Dra. Susan (2003), confirmam que a maneira mais eficaz de estimular a remoção das toxinas causadoras de doenças no corpo e aumentar nossa energia é pela respiração diafragmática, que aumenta a purificação e a energização dos tecidos do corpo em até quinze vezes. Os neurônios cerebrais, por sua vez, têm alta taxa metabólica e, por isso, consomem três vezes mais oxigênio do que o restante do corpo (de vinte a vinte e cinco por cento de todo o oxigênio inalado). Assim, a respiração correta proporciona raciocínio mais claro e maior concentração. O mais importante é que a respiração diafragmática, por ser lenta e profunda, automaticamente estimula o sistema nervoso parassimpático, de modo que é impossível sentir-se tenso ou ansioso.

Infelizmente, a maioria das pessoas no Ocidente industrializado respira a partir do tórax. Esse tipo de respiração (torácica) que utiliza os músculos do tórax em vez de utilizar o diafragma, é um reflexo fisiológico natural quando estamos assustados ou amedrontados. É o padrão respiratório da resposta ao estresse, estimulado pelo sistema nervoso simpático. Desenvolve-se, assim, um estado de asfixia que provoca tensão crônica nas costas, nos ombros e no pescoço, além da falta de circulação nos órgãos da parte inferior do corpo. A respiração torácica está diretamente relacionada à doença cardíaca. Em determinado estudo (referido por Susan, 2003), levado a efeito em certo hospital, todos os pacientes cardíacos na unidade coronariana estavam respirando toracicamente. E conclui:

> Uma vez que o abdome está contraído, há um impedimento à expansão apropriada do diafragma, privando-nos do ar de que necessitamos. Para compensar isso, respiramos numa frequência mais veloz, causando hiperventilação, o que cria mais ansiedade. A hiperventilação, produzida por uma respiração torácica rápida, aumenta o teor de dióxido de carbono no sangue, causando tonturas, dores de cabeça e até ataques de pânico e derrame. Essa respiração rápida e superficial também produz palpitação cardíaca, asma, problemas gástricos e desorientação mental. Logo, um dos mais importantes aspectos da redução do estresse é respirar corretamente. (p. 76).

5.9

Ronco não é brincadeira. Cuidado com ele

Motivo de riso para muitos e de incômodo para outros, o ronco pode ter como causa a apneia do sono e chega a representar sério risco para quem sofre desse mal. É que, dentre os numerosos males que causa à saúde, pode alterar o funcionamento do coração, provocando até mesmo morte.

Eu mesmo sofria desse mal. Graças a Deus indicaram-me o Instituto do Sono, na Área de pneumologia do Hospital da Universidade de Brasília. Ali, monitorado durante duas noites, ficou constatada a deficiência respiratória, cujo sintoma era exatamente o ronco. Numa amostragem ficou provado que, num período isolado de sessenta minutos, eu havia sofrido trinta e duas interrupções da respiração e, consequentemente, do sono. Mas não se chega a perceber a interrupção e nem mesmo nos conscientizamos de que acordamos, porque tudo acontece de maneira rápida, porém frequente. O sono fica alterado e deficiente e o perigo de morte, dizem certos médicos, está no risco das lesões cardíacas que podem ser provocados pelas interrupções da respiração. As chamadas doenças do sono merecem atenção especialíssima porque, além de causarem males à saúde, acabam por provocar acidentes de trânsito, acidentes de trabalho, irritações e tantos outros males. Principalmente aqueles decorrentes da falta da oxigenação, não só do cérebro, mas também de todas as células do corpo. Trata-se, portanto, de problema de saúde pública. Felizmente, os Institutos do Sono já se encontram implantados em vários locais do Brasil, com tratamentos cobertos inclusive por Planos de Saúde.

A respiração representa nosso contato essencial com o mundo, porque se pararmos de respirar, em poucos minutos morreremos. E como ela só se realiza no presente, se respirarmos de forma consciente, estaremos vivendo o presente. Como se viu no ensinamento do Dalai Lama, uma das tragédias que afligem o homem moderno é viver quase que exclusivamente no passado ou no futuro, perdendo a bênção do momento presente, que é o único de fato existente.

5.10

Órgãos dos sentidos, nossa janela para o mundo

Jean-Ives Leloup (2002) estudou pormenorizadamente os órgãos dos sentidos, não somente em sua dimensão física, mas também psicológica, emocional e até na dimensão espiritual:

A Visão — nos convida a aprender a ver mais longe, ver o invisível, não nos esquecendo de manter os olhos abertos também para o visível. Ela mostra a integração da matéria com o espírito, do feminino com o masculino, de toda a composição de nosso ser. Devemos descobrir em nós qual o órgão de nosso corpo que nos permite também perceber o invisível. É o meio para despertar em nós a realidade de que o mundo não se limita ao visível, que existem outros níveis de realidade, as quais não podem ser reduzidas aos planos de consciência do que vemos fisicamente.

A Escuta — Há pessoas que expressam verbalmente seu amor por alguém, mas não conseguem escutar a pessoa que amam. Antes de falarmos de amor e de amarmos, é necessário desenvolver em nós o sentido da escuta. Aprender a ouvir inclui o silêncio, assim como ouvir aquilo que não desejamos ouvir. Devemos aprender a permanecer em contato com o silêncio, abrir os ouvidos para escutá-lo. A qualidade da palavra depende da qualidade dos ouvidos que ouvem. O instrumento de sopro lembra que a palavra é trazida pelo sopro. Podemos ouvir alguém e não escutá-lo verdadeiramente. Aí colocamos o que ele fala dentro do nosso discurso, desvirtuando o sentido de suas palavras. A verdadeira escuta é, portanto, a capacidade de perceber o outro na sua inteireza e na sua alteridade.

O Tato — Existem dois tipos de toque: aquele que é feito com a mão fechada e, do outro lado, o que é feito com carinho, representado, frequentemente, pelas mãos abertas. Ele nos ensina a tocar o intangível. As mãos devem estar abertas com delicadeza e carinho, sem o que não entraremos em contato com a unidade. Observamos, entretanto, a importância de atentarmos para as peculiaridades de cada ser. Há pessoas que agem e sentem seletivamente e, assim, não admitem indiscriminadamente o toque, especialmente durante um diálogo. O respeito deve prevalecer sempre.

O Olfato — É a capacidade mais presente em nossas vidas, eis que importantíssima para permanecermos vivos. No cheiro muitas vezes podemos até mesmo alcançar a experiência do sagrado.

O Sabor — Ensina-nos a saborear as coisas não apenas para consumir, mas para comungar. O sábio é aquele que tem o gosto do mundo, pois a palavra sabedoria, sapiência, vem do termo *sabre*, que significa gosto.

Desejo — Podemos nos desapegar de qualquer coisa a que tenhamos apego. E é nessa nudez do nosso ser que adentraremos em contato com a Unidade. Devemos analisar qual o sentido mais desenvolvido em nós, e qual o mais esquecido. A alma nos convida a utilizar todos os sentidos e abri-los, para inclusive apaziguá-los, a fim de que o uno, por meio de todos esses recursos, consiga se aproximar.

Atingir o estado paradisíaco significa ver as coisas como elas realmente são, retirando todas as projeções e máscaras que estão sobre a face do ser, tudo que encobre a verdadeira face. Podemos tirar as máscaras que colocamos sobre todas as coisas e abandonar as projeções, num olhar atencioso, sem medos, sem esperas, sem expectativas, sem atrações e sem repulsas. Então poderemos ver a realidade última.

É dentro de nós mesmos que encontraremos a paz. Não se trata de nos alienarmos, mas sim de agir nela de uma forma mais consciente e mais feliz. Trata-se, não de nos retirarmos para uma ilha, pois essa ilha não está separada do oceano e nem das outras ilhas. Nada está separado de nada. Devemos cuidar, isto sim, desta pequena parte do universo que nos foi confiada; devemos colocar um pouco de paz nessa ilha e, assim, todas as outras ilhas se beneficiarão. Devemos olhar o contexto, porém sem jamais perder de vista o conjunto.

Deixemos de ser um copo de água, para nos transformarmos no oceano, já que num copo de água uma pequena poeira a turva, mas num oceano, não. Cabe observar que a imagem de Deus que nos foi transmitida passou por seres humanos, sujeitos, portanto, àqueles condicionamentos subjetivos antes analisados, já que essa pessoa tem uma origem, uma determinada cultura e determinada linguagem. Que nosso olhar não enclausure nossos interlocutores naquilo que eles dizem ou fazem. Que possamos vê-los como Deus os vê, e assim exergarmos além, em sua essência, que é bondade e amor. Sem, contudo, deixarmos de ficar atentos, porque certas pessoas, em suas visões e ações distorcidas, podem nos causar danos de todos os tipos. Isso, entretanto, só acontecerá se assim o permitirmos.

Talvez, por isso mesmo a Bíblia Sagrada ensine que não devemos confiar cegamente nos homens, mas sim em Deus. Essa insegurança se deve às oscilações que caracterizam os seres humanos, dentro de sua estrutura e sua sensibilidade a este ou aquele tipo de abordagem. Devemos manter olhos e ouvidos atentos à realidade de cada um para distinguir o joio do trigo, mas sem nunca deixar de vê-los com os olhos da alma, da compaixão e do amor incondicional. O bem e o mal poderiam ser definidos como aquelas coisas que nos aproximam ou que nos afastam do nosso *Self* e, por consequência, de Deus.

PARTE VI

A RIQUEZA INTERIOR

6.1

Onde se encontram todas as riquezas

No interior do ser humano encontram-se todas as riquezas. Essa constatação inspirou certo poeta, que a sintetizou nesta oração, antes mencionada: "Senhor, não permita que eu passe minha vida procurando fora aquilo que sempre esteve dentro de mim". A mesma Inteligência Suprema que criou o Cosmo, e tudo o que nele existe, criou também o homem. Tudo está, portanto, interligado. No mundo humano, não é a força física e sim o poder intelectual que é vitorioso. A força física de um elefante é descomunal, mas um pequeno homem manobra-o com seu poder intelectual. Isso acontece em todos os campos da existência. Assim, quando os seres humanos penetram no mundo interior, eles descobrem que sua verdadeira riqueza repousa no aumento de sua força psíquica e, gradualmente, com o aumento desta, lentamente entram em contato com a espiritualidade. Descobrem que, por trás de seu poder psíquico, há uma outra Força operando, e é graças a ela que eles obtêm força psíquica.

6.2

Evolução da consciência

A Ciência constatou que na formação da consciência observa-se uma escala evolutiva, sendo que o corpo registra em suas diferentes partes todas essas etapas.

Consciência matricial — Nosso primeiro local de memória é a vida intra-uterina. Nesse período, somos completamente passivos e tudo o que a mãe vive em seu ambiente é registrado diretamente naquele que vai se tornando o nosso corpo. Algumas pessoas têm memórias muito antigas, arcaicas, que têm raízes nesse período de vida.

Consciência oral/nascimento — Momento marcante para o nosso corpo, o nascimento pode gerar certo desconforto. Após o momento grandioso em que veio à luz, o corpo do bebê entra em contato com um outro corpo, procurando a fusão e a unidade que ele acaba de perder. Surge a consciência oral, o momento em que a consciência está concentrada em torno da boca.

Consciência anal — Aos poucos o bebê perde a identidade com o corpo da mãe e descobre o seu próprio corpo. É o momento que ele chupa seu dedo. A aprendizagem da limpeza condicionará profundamente a atitude que temos para com o nosso próprio corpo, seja desprezo, seja admiração. Algumas formas de idolatria ou de desprezo pelo corpo têm suas raízes profundas nessa época da existência. Diferenciar-se do corpo da mãe é passar a perceber o seu próprio corpo.

Consciência genital — Quando ocorre a descoberta do nosso ser sexuado.

Consciência Parental ou Familiar — Correspondemos à imagem que nossos pais têm de nós e esperam de nós. É difícil sair das expectativas e, algumas vezes, nunca nos tornamos nós mesmos, pois estamos atrelados ao projeto que nossos pais idealizaram para nós e nos transmitiram.

Consciência social — Se não tivermos medo de romper com os projetos de nossos pais, chegaremos a outro nível de consciência, ou seja, sermos o que a sociedade quer de nós. Essa consciência traz a capacidade de ter boa relação sexual com outrem e de estar integrado na sociedade.

Consciência autônoma — Se a sociedade está doente, estar adaptado a ela não é um fato positivo. Esta consciência faz com que o ser torne-se livre em relação a essa imagem social. O desconforto e as aspirações a ideais, que então são percebidos, nos fazem evoluir. Sinto-me livre daquilo que me cerca. Livre do superego. Este momento pode ser representado por uma crise: "lutei tanto para me diferenciar da sociedade e de meus pais...".

Consciência do SELF — Aqueles que, por meio de certo número de crises e depressões, descobrem que a afirmação do Eu autônomo, mesmo sendo uma bela realização, não é o objetivo último de suas vidas, atingem a consciência do *Self*. Ao lado da consciência autônoma, descobrem a do *Self*, que pode chegar por meio de um medo ou de uma recusa. Medo de perder a razão ou de nos tornarmos diferentes dos outros. Entretanto, essa é a condição para que o *Self* se manifeste em nosso interior.

Consciência teantrópica ou transpessoal — É um estado de consciência que está além do desejo e além do medo. Mas nós somos todas essas etapas. Todas essas memórias estão sempre presentes em nós, mas descubro que dentro de mim existe um Ser maior do que eu. O que eu quero não representa os meus desejos — experimento uma consciência humano-divina e divino-humana. A consciência infinita está presente sempre em todas as consciências finitas. O conteúdo dentro do continente. "Eu sou a verdade, eu sou a vida, numa integração de todos os EU SOU", como afirmou o mestre Jesus. Ocorre aí uma integração de todos os níveis de consciência, deixando de ser ela meramente particular.

6.3

Uma riqueza pouco conhecida: o mundo dos sonhos

Quando conseguimos desmistificar as ideias preconcebidas que ainda alimentamos relativamente ao estudo dos sonhos, descortina-se em nossa mente o imenso panorama de potencialidades de curas que podem advir de seu estudo, análise e vivência. A própria ciência ainda tem muito a pesquisar sobre esse indispensável recurso psicológico.

Menos de um século atrás, a questão dos sonhos ainda repousava em meio a uma névoa de preconceitos, misticismos e exploração de pessoas mal intencionadas. Com os estudos de Freud, pouco mais de meio século atrás, a análise dos sonhos passou a ser objeto da Ciência. Com Jung ganhou expressão e praticidade. Trata-se de um mergulho da possibilidade de acesso ao nosso inconsciente, também chamado *mundo das sombras*. Compreender os sonhos, por meio dos instrumentos analíticos hoje disponíveis, pode nos ajudar na integração da personalidade.

As raízes da medicina moderna encontram-se nos templos de Asclépios, implantados desde o Século XI a.C. Naquela época, os sacerdotes desenvolveram uma farmacopeia de ervas, unguentos e tinturas, e também uma metodologia do sonhar, que perdurou por séculos. Os ajudantes do templo, mais tarde, transformaram-se em interpretadores de sonhos e sacerdotes, pois com o tempo já haviam compreendido a natureza metafórica do sonho. As exigências para acesso ao templo, para quem buscava ali sua cura, eram rigorosas, requerendo-se, como pré-condição, severo ritual de purificação, consistente em jejum, limpeza do corpo, da mente e da alma por meio de banhos quentes, meditação etc.

Os atendentes eram habilitados pela prática: um pouco médicos, um pouco metafísicos, um pouco xamãs e um pouco sacerdotes. As pessoas não iam lá somente para se curar, mas também para aumentar a visão do mundo, o que seriam sinônimos. Para isso, o templo abrigava também filósofos e comediantes, estes para confundir, trazer paradoxo e insensatez. O candidato à cura esperava ser chamado e, na noite que adentrava o templo, depois de cumpridos os ritos exigidos, iniciava-se o processo de incubação.

Constata-se, entretanto, que desde tempos imemoriais o homem se deslumbra com a dimensão onírica de sua mente, com o mistério e o poder das imagens dos sonhos, percebendo nele fonte de eterna sabedoria. Nossos ancestrais, muito anteriores ao Cristianismo, acreditavam que o sonho facultaria a comunicação com os deuses. Mas com o advento da certeza do Deus Único, constataram-se diversas narrativas, quer no

Antigo, quer no Novo Testamento, que relatam comunicações por meio dos sonhos. A mais importante delas é aquela em que os Reis Magos recebem a orientação do Anjo, no sentido de não retornar ao palácio real após visitar o Menino-Deus.

Se para os egípcios os sonhos traziam mensagens dos deuses, para os chineses os sonhos vinham do interior da alma do sonhador, mas os estímulos externos como o sol, a lua e as estrelas também os influenciariam. Já no Ocidente, xamãs e pajés, indivíduos que conseguem alterar seus próprios estados de consciência, usavam e usam até hoje o sonho de alguns membros da tribo para ajudar na resolução de problemas pessoais e na cura psicossomática.

Com o advento do Iluminismo, na Era Moderna, e consequente ênfase na razão e na ciência empírica, os sonhos passaram a ser vistos como algo insignificante. Valorizá-los e utilizá-los significava lançar mão de superstições e magias. O domínio da dimensão racional e causal da mente humana, entretanto, começou a desmoronar a partir do final do Séc. XIX e início do Séc. XX. Ainda bem! A partir daí, a Ciência ocidental foi obrigada a incluir no seu contexto todas as dimensões do ser humano, entre elas, obviamente, as experiências dos sonhos. Hoje se prenuncia o porvir radioso do comando do coração, não somente sobre a razão, mas também sobre os sentimentos, os instintos e as emoções. Todos esses elementos têm seu valor, mas o domínio há de ser sempre do coração. Quanto aos relacionamentos humanos, referimo-nos, obviamente, ao amor e não à paixão que é transitória e pode estar impregnada de ilusões. Quando acaba a paixão, pode até permanecer o amor, mas as ilusões se esvaem, restando a realidade, que pode ser bem diferente daquela imaginada pelos apaixonados.

O conceito de inconsciente desenvolvido pelos filósofos alemães Fichte e Schelling, dentre outros conterrâneos deles, deu grande impulso aos estudos dos sonhos. Nesse mesmo período, entretanto, fisiologistas ingleses estudavam a causa do sonho, mas não a sua natureza. Foram essas duas correntes que abriram caminho para que Freud encetasse a abordagem científica dos sonhos, cujos estudos constituíram-se na sua obra mais importante, *A interpretação dos sonhos*. Freud concluiu que a força geradora dos sonhos se relaciona com a satisfação de desejos pessoais, e que os desejos se expressam nos sonhos devido à sua conexão com conflitos inconscientes. Investigou o modo como a dimensão inconsciente de nossas vidas se reflete nos sonhos, e que eles vêm à tona deflagrados pelos chamados resíduos do dia (experiência do dia ou dos dias anteriores). De grande valia foi sua constatação no sentido de que os sonhos facultam a descarga de pensamentos conflitantes ou inaceitáveis, possibilitando o reequilíbrio do psiquismo do sonhador.

Jung, dando sequência às pesquisas de Freud, ampliou enormemente os estudos sobre os sonhos. Criticou a ênfase excessiva que seu mestre dera ao aspecto sexual e considerou os sonhos como uma atividade espontânea da psique. Os sonhos revelariam aspectos de nós mesmos, os quais estamos ignorando, suprimindo ou simplesmente deixando de utilizar. Essa dimensão natural, porém desconhecida, dentro de nós, pode, entretanto, nos auxiliar no sentido de nos tornarmos unos, inteiros, completos. Para Jung, o valor intrínseco do sonho baseia-se na honestidade e precisão ao descrever-se o estado subjetivo.

Jung percebeu também que a origem dos sonhos localiza-se para além do inconsciente pessoal, em áreas do inconsciente familiar e até mesmo do inconsciente coletivo. Os estudos prosseguiram mais intensamente a partir dessa época, ampliando-se a respectiva literatura (Delaney, Faraday, Garfield, Taylor e Ullman). Eles direcionaram os estudos para técnicas experienciais, recomendando métodos para se lembrar dos sonhos, inclusive a adoção de diário para anotá-los.

6.4

Uma experiência emocionante e de grande utilidade prática

Certa tribo se reunia uma vez por semana para que cada membro relatasse ao grupo os sonhos que havia tido. Nessa tribo não havia guerras há séculos. Isso demonstra que a falta de comunicação sincera e respeitosa, de que se ressente a maioria das pessoas na atualidade, pode estar na raiz dos conflitos e até mesmo das guerras que devastam tantas regiões do Globo. Essa tribo supria essa comunicação essencial, sem que um ofendesse o outro, até porque não se faziam acusações diretas, mas construíam-se as metáforas que provinham dos sonhos e a mensagem era captada pelos demais membros da comunidade. A ninguém era atribuída a culpa pelo conteúdo dos sonhos de qualquer dos integrantes do grupo.

O estudo de nossos próprios sonhos pode ajudar-nos a administrar melhor nossa vida e a alcançar mais felicidade. Para isso, devemos nos preparar para dormir, evitando leituras pesadas, alimentos impróprios, noticiários que relatam violências etc. Relaxamento, meditação e oração, antes de dormir, são grandes auxiliares para esvaziar a mente dos conflitos e preocupações do dia. Atividades altruístas, alegres, prazerosas e espiritualistas constituem também excelente preparação para o sono. Convém registrar, finalmente, que certos terapeutas modernos já estão utilizando o processo de incubação dos sonhos, a exemplo do que se fazia nos primórdios, visando a uma melhor compreensão dos sintomas psicossomáticos.

PARTE VII

CIÊNCIA E ESPIRITUALIDADE VÃO SE ENCONTRANDO

7.1

Espiritualidade e saúde caminham juntas

Pesquisa em Saskatchewan, no Canadá, divulgada pela Internet, demonstrou que entre idosos a participação em clubes e atividades religiosas faz bem à saúde física, e que a saúde mental também melhora com a religiosidade. Num estudo de idosos com depressão, os extrinsecamente mais religiosos se recuperaram 70% mais rápido. Porém, há crenças que ajudam mais que outras. Algumas podem até mesmo prejudicar. No Centro Médico de Duque, os pacientes foram separados em três grupos: os sem perpectiva religiosa, os com perspectivas negativas e os com perspectivas positivas (visão de Deus como benevolente, como amor, tentativa de participar do "plano de Deus" etc). Os que adotavam visão positiva tiveram resultados muito melhores.

Um dos estudos mais impressionantes relacionou os níveis de IL-6, um citokino que é mensageiro entre partes do sistema imune, alto nos idosos e nos que sofrem de doenças do sistema imune. Controlando idade, gênero e estado de saúde, os que iam frequentemente à igreja e que tinham um risco de ter um alto nível de IL-6 apresentaram tal índice 42% mais baixo. O sistema imune das pessoas religiosas é mais estável. A religião ajuda também a diminuir a ansiedade da morte. Numa população de idosos incapacitados, quanto mais oração, menor era a ansiedade: 10% entre os que oravam e 24% entre os que não oravam.

O professor H. G. Koenig estudou quatro mil idosos na Carolina do Norte, EUA, que foram acompanhados durante mais de seis anos. O risco de morte entre os mais religiosos era 46% menor – o equivalente à diferença entre os que usam e os que não usam cinto de segurança nos automóveis. O efeito era mais pronunciado entre as mulheres. Os religiosos tinham taxa de morte 35% mais baixa entre as mulheres e 17% entre os homens.

Os professores Oman e Reed controlaram dados demográficos, estado de saúde na origem, funcionamento físico, hábitos sanitários, o capital social e o estado psicológico de dois mil idosos que residiam no Condado de Marin, na Califórnia, EUA, durante cinco anos. A taxa de mortalidade dos que participavam de missas, cultos, grupos de oração etc. foi mais baixa do que a dos demais. A atividade religiosa protegia mais as pessoas com mais apoio social.

A relação entre religiosidade e sobrevivência é forte e perde pouca intensidade mesmo diante de outros fatores estudados. Strawbridge acompanhou 5.286 residentes no Condado de Alameda, EUA, durante 28 anos. Usou regressões que mostraram as associações entre a participação religiosa e melhorias posteriores nos hábitos sanitários e nas relações interpessoais. O impacto sobre a probabilidade relativa de morte era significativo: os religiosos viviam mais tempo e morriam menos - 36% menos. As diferenças eram maiores entre as mulheres. O controle dos hábitos sanitários e das relações pessoais refinou os resultados, diminuindo o efeito "puro" da frequência religiosa para 23%. Parte dos efeitos da religião se deveu à melhoria dos hábitos, observando-se que, proporcionalmente, os "assíduos" deixaram de fumar mais que os outros, exercitaram-se mais e permaneciam casados, três condições que protegem a saúde e a vida. Assim, o efeito da participação religiosa sobre a mortalidade se deve, em parte, ao estilo de vida e a mecanismos internos. As pesquisas comprovam, portanto, que os religiosos se consideram mais felizes, resultando inclusive em menor incidência de suicídios.

"A fé remove montanhas", ensinam as Escrituras Sagradas. Provavelmente, o fato agora provado por ampla evidência empírica, no sentido de que religião e fé ajudam a viver mais e melhor, e a morrer em paz, estejam dentro desse conceito. Além disso, templos e igrejas são lugares de oração e também lugares onde as pessoas se encontram, se conhecem e, eventualmente, se ajudam. A participação nas atividades da igreja e o sentido de comunidade aumentam a disposição de se ajudarem uns aos outros. Mais religiosidade significa preocupação com o próximo, melhor percepção do outro, mais empatia e mais ação no fazer algo para ajudar.

7.2

A Física Quântica tende a reconhecer a existência de Deus

Amit Goswami, físico nuclear indiano, PHD em Física Quântica e professor titular de física da Universidade de Oregon-EUA, durante entrevista que concedeu em 2005 ao programa Roda Viva, da TV Cultura de São Paulo, afirmou que havia mais de quinze anos estava envolvido em estudos que buscavam construir o elo entre a física quântica e a espiritualidade. Em seu livro O *Universo autoconsciente* (1998), ele procura demonstrar que o Universo é matematicamente inconsistente sem a existência de um conjunto superior, no caso Deus, e diz que, se esses estudos se desenvolverem, ainda no início deste terceiro milênio Deus será estudado também pela ciência e não mais apenas pela religião.

Segundo o professor, a mudança da ciência, de uma visão materialista para uma visão espiritualista, deveu-se quase que totalmente ao advento da Física Quântica. Ao mesmo tempo, ocorreram algumas mudanças na Psicologia Transpessoal, na

Biologia Evolucionista e na Medicina. A Física Quântica trouxe mudança de paradigma quanto à origem da causalidade, que os estudiosos acreditavam provir de fontes externas ao indivíduo. Terminaram, porém, por constatar que ela provém do próprio interior, por meio de partículas elementares, átomos, moléculas, células e, a partir disso, chegou-se ao cérebro. E o cérebro seria tudo. Mas essa ideia de que a consciência é um produto do cérebro provocava paradoxos. Sobreveio, então, a convicção de que ela também tem sua causa, que se encontra acima da visão materialista do mundo, sendo este o ponto de entrada de Deus no mundo da ciência.

Para os fundadores da física clássica, como Newton, Descartes e outros grandes cientistas do século XVII, nos projetos científicos que propunham, Deus era uma parte constitutiva inseparável do mundo que eles imaginavam, conferindo a garantia da eficácia e do funcionamento das leis do mundo, como alguém que opera os próprios fenômenos naturais. Esse conceito foi sendo afastado do mundo da ciência ao longo dos séculos XVIII, XIX e XX. Até os anos cinquenta, os cientistas, especialmente os físicos, não gostavam de tocar nesse assunto. Os estudos e reflexões do professor Amit e seus colegas que compartilham dessa nova visão científica parece que estão tentando recolocar no seu lugar aquelas ideias dos fundadores da ciência moderna.

A maioria dos físicos clássicos considera, portanto, que Deus é necessário. Foi Ele que estabeleceu o movimento do mundo, sendo Ele também o guardião de seu jardim. Entretanto, o debate entre teóricos e cientistas sempre foi: "Deus é o guardião ou Deus intervém?"

Teólogos afirmam que Deus intervém nos seres biológicos. E, então, surgiu Darwin, com a sua Teoria da Evolução, que representou um grande golpe nesse conceito, pois, desde então, muitos passaram a considerar não haver necessidade de Deus na evolução. Então, no Século XX, surgiu o Behaviorismo com a ideia do livre arbítrio. Porém, essa ideia também terminou por ser relativizada porque experimentos posteriores constataram que somos seres condicionados, não havendo assim tanto espaço para o livre arbítrio. Paralelamente ao Behaviorismo, a Física Quântica crescia, abrigando o princípio da incerteza, ou seja, o mundo não está predeterminado.

Deus intervém na Biologia? Deus intervém na vida das pessoas? Essas perguntas continuam tendo respostas muito positivas, até porque foram constatados vários equívocos na teoria darwiniana, os quais vieram a ser denominados *sinais de pontuação*. A teoria da evolução de Darwin explica alguns estágios homeostáticos da evolução, ou seja, como as espécies adaptam-se a mudanças ambientais, mas não explica como uma espécie torna-se outra. Essa apreciação conduz a uma nova mudança na evolução e não está contida na teoria darwiniana. Não temos uma continuidade de fósseis comprovando como um réptil tornou-se um pássaro.

Aí se encontrariam os sinais de pontuação, estágio muito rápido de evolução. Isso é um salto quântico na evolução e nele a consciência interveio de um modo muito objetivo. Essas ideias ficaram claras nos trabalhos de Rupert e Shaeldrade. Sem dúvida alguma, há uma intervenção de causalidade descendente. Não se pode explicar a biologia evolucionista somente com a causalidade ascendente. Agora estamos fechando o círculo e vemos que não só precisamos de Deus porque existem movimentos descontínuos no mundo, para os quais não existe explicação matemática ou lógica e Deus age de forma objetiva, bem definida e a Ciência, por sua vez, mantém seu valor e objetividade.

Neste século que passou, assistimos a três grandes movimentos: primeiro, muitos espiritualistas e pessoas que acreditavam em Deus, abalados por certas "provas", largaram a religião e passaram a acreditar somente na matéria — isso aconteceu até com sacerdotes de várias religiões. Largaram batina, deixaram sua fé e se transformaram em protagonistas do materialismo. Segundo, atualmente assistimos a um movimento contrário. O biólogo francês Mateo, por exemplo, largou a Biologia e hoje é monge budista tibetano; outro, astrofísico, largou sua ciência e hoje é rabino. Terceiro, o mundo caminha para a integração matéria/espírito/intuição.

Todos nós temos os dois lados: um é semelhante ao de Newton, que quer entender tudo em termos de objetividade, ciência e matemática; e o outro, místico, que ouve diretamente, intuitivamente e desenvolve seu retrato do mundo baseado nessa percepção intuitiva. A falsa noção de que cientistas somente trabalham com ideias racionais e matemáticas está aos poucos caindo. Einstein disse isso muito claramente: — Não descobri a Teoria da Relatividade apenas com o pensamento racional.

Muitas pessoas não levam a sério tais declarações, mas Einstein falou seriamente. Ele sabia que a criatividade é importante. Agora, quase cem anos refletindo sobre criatividade, constata-se que os cientistas também lançam mão da intuição, ou seja, de uma visão criativa, para desenvolver sua ciência. Nem tudo é lógico, matemático, nem tudo é pensamento racional. Os cientistas haviam esquecido a origem de sua percepção, enquanto os espiritualistas sempre souberam que foi a intuição que trouxe a felicidade, foi ela que os fez como são. Os cientistas usam a intuição para desenvolver sistemas que estão fora deles, ou seja, criatividade externa, mas sabem que aquela percepção que tiveram provém de determinado Ser que rege o mundo.

Na Física Quântica vemos claramente o papel da consciência cósmica, do "Ser Quântico", no qual existe criatividade e forças criativas. É importante não permitir que o condicionamento nos faça esquecer a divindade, o poder e a força criativa que temos e que realmente representa o que buscamos quando evocamos Deus.

Jung foi um dos precursores da integração ciência/religião, que agora começa a ocorrer com mais ênfase. Ele já afirmava que um dia a Física Nuclear e a Psicologia se uniriam. Observa-se, de fato, que essa integração está efetivamente ocorrendo. Na Física Quântica fica claro que devemos esperar pela intuição, observar se há um salto quântico, se uma resposta criativa irá surgir. A Física, em si, precisa de algo além da matéria. Com isso, confirmou-se o que Newton já suspeitava, isto é, a consciência exerce efeito sobre a Ciência. A mudança que está acontecendo na Física é não menos importante do que a que aconteceu com as descobertas de Copérnico.

A imaginação, a parte mental de nossas vidas, é fundamental no que fazemos no mundo externo. Na nova ciência, por estarmos igualmente envolvidos com o mundo externo e interno, pelo fato de a subjetividade ter voltado à ciência, estamos validando o conceito de que, talvez, devamos levar algumas de nossas fantasias a sério, porque a consciência é a base do ser. A partir de agora, vamos levar o mundo interno muito mais a sério. Sonhos, pensamentos, intuição etc., com os quais a ciência materialista não pôde lidar, passarão a ser considerados e, com isso, a visão de nossa vida interna passa a adquirir enorme importância. Focando nossa vida interna, não só podemos nos transformar, mas também ter enorme visão sobre o que criar, como criar, sobre as artes, música, e até sobre a própria ciência.

Em sua intervenção na entrevista, o professor Pierre Weil acrescentou que esses estudos ali tratados têm influência muito grande sobre a destruição da vida no Planeta e a grande crise de violência que está assolando o mundo, porque essas agressões advieram de paradigmas errôneos, os quais devem ser revistos. Ao que Amit respondeu:

... Sem reconhecer a consciência e sem reconhecer o valor da nossa vida interna, sem reconhecer o valor da transformação, nunca mudaremos a violência na sociedade. É muito importante ver que, apenas pensando em não-violência, apenas falando dela, não a erradicaremos. O novo paradigma enfatiza sempre a criatividade. Agora, tudo se encaminha para um novo paradigma porque também existem forças criativas dentro de nós. Basta aprender a agir com base nesse estado de consciência não ordinária, na qual temos escolhas. Do cartesiano "penso, logo existo", proponho a evolução para, "escolho, logo existo". Posso, portanto, escolher a não-violência. Tenho de aprender como escolher, e isso exige criatividade.

Podemos ser otimistas sobre o futuro no tocante à forma de lidar com a violência.

Galileu é chamado o pai da ciência moderna porque enunciou claramente os dois critérios norteadores: a ciência deve ser verificada e deve ser útil. Entretanto, existe um número expressivo de experimentos sendo realizados graças à Parapsicologia, à Biologia e à Medicina, como registra a tese de Deepack Chopra, exposta no livro *A cura quântica*. Então, se de fato houve a cura quântica, a medicina mental, o efeito da mente sobre a cura, as pessoas serão de fato ajudadas, não apenas no campo da psicologia, mas também no campo da verdadeira saúde pública. É a aplicação da nova ciência a essas áreas, especialmente na área da saúde, que vai trazer a convicção de que Deus é fundamental. A consciência é importante, a criatividade é importante, o observador, o livre arbítrio e a responsabilidade são igualmente importantes. Temos um paradigma científico que pode unir todas essas coisas, trazê-las para junto da velha ciência e ter forma objetiva de proceder e prever.

7.3

Espiritualidade, saúde e felicidade

A espiritualidade ocupa lugar de destaque dentre as fontes da felicidade, como a benevolência, a compaixão, a tolerância, o perdão e o amor, até mesmo porque ela representa o jardim onde essas virtudes florescem. Constitui-se também num grande incentivo para cultivar a disciplina interior, num processo dinâmico e gradual de motivação para eliminar os estados mentais destrutivos e substituí-los por estados mentais positivos e saudáveis. Existe uma tendência natural de associar-se a espiritualidade à religião. Conforme preconiza o Dalai Lama (2000), devemos respeitar todas as principais tradições religiosas, eis que elas podem fornecer uma estrutura ética capaz de comandar positivamente o comportamento humano. Afirma ele:

> Na tradição cristã, uma crença em Deus pode proporcionar à pessoa uma estrutura ética coerente e bem-definida pela qual ela pode pautar seu comportamento e seu estilo de vida. E ela pode ser uma abordagem poderosíssima,

> porque existe certa intimidade criada no nosso relacionamento com Deus; e o modo de demonstrar nosso amor por Deus, o Deus que nos criou, é demonstrando amor e compaixão pelos seres humanos nossos semelhantes.

O poder da fé, gerada em grande escala pelas religiões sérias, está entremeado na vida de milhões de pessoas que nela encontram apoio e inspiração para enfrentar os embates da existência. Com efeito, pesquisas realizadas por organizações especializadas, como o Gallup, concluíram que as pessoas religiosas relatam sentir felicidade e satisfação com a vida com frequência muito maior do que as pessoas não-religiosas. Estudos revelaram também que a fé não só é indicador de que as pessoas vão relatar sentimentos de bem-estar, mas também que uma forte fé religiosa parece ajudar indivíduos a lidar com maior eficácia com questões tais como o envelhecimento, a atitude diante de crises pessoais e acontecimentos traumáticos.

Estatísticas revelam que as famílias daquelas pessoas com forte crença religiosa costumam apresentar índices mais baixos de delinquência, de abuso do álcool e drogas e de casamentos desfeitos. Estudos revelam também o benefício da fé para a saúde física, mesmo daquelas pessoas com enfermidades graves. Foram desenvolvidos centenas de estudos científicos e epidemiológicos, os quais estabeleceram uma ligação entre a forte fé religiosa, menores índices de mortalidade e melhor saúde. Num deles, realizado por médicos do Medical Center da Universidade de Pittsburgh, EUA, concluiu-se que pacientes de transplante de coração com firmes crenças religiosas apresentam menor dificuldade para lidar com as prescrições médicas pós-operatórias e revelam melhor saúde emocional e física a longo prazo. Em outro estudo, o Dr. Thomax Oxman, da Dartmouth Medical School, no mesmo país, descobriu que os pacientes com mais de cinquenta e cinco anos de idade, submetidos à cirúrgica de coração para corrigir doença coronariana ou algum problema com as válvulas do coração, que haviam procurado amparo nas suas crenças religiosas, tinham uma probabilidade três vezes maior de sobreviver do que os que não procuraram esse amparo.

7.4

Espiritualidade e gratidão

O agradecimento proveniente da alma é uma das formas mais sublimes de exercitar a espiritualidade. Quando Michelangelo olhava, extasiado, para um bloco de mármore, seus amigos ficaram assustados, pensando que estivesse passando mal. Questionado, ele informou que estava tendo uma visão paradisíaca: vislumbrava um anjo. Em estado de contemplação profunda, abstraíra todos os excessos, todas as impurezas, todas as deformidades materiais do monólito. Restava apenas ele, o anjo perfeito.

É um exemplo fascinante de contemplação. Mais fascinante ainda se meditarmos sobre a forma como Deus enxerga suas criaturas. Ele as contempla sob o ponto de vista de um Pai apaixonado por seus filhos. Seu olhar ultrapassa a matéria, penetra na essência do ser. E essa essência só pode ser boa, já que nada que Ele criou é mau. Admitir-se que a essência de qualquer criatura é má equivaleria a cometer o inominável sacrilégio de considerar que existe maldade no Criador.

Espiritualidade significa encantamento pela vida. Somos mistério e o mistério nos fascina. Envoltos em mistério estão os milhões de galáxias, com seus milhões de sóis e bilhões de estrelas cintilantes; os incontáveis planetas, desde os mais próximos até os mais remotos. Assim também os animais, desde o menor já descoberto, com tão-somente 20 milímetros de comprimento, até o maior deles, a baleia azul, que pesa cerca de 200 toneladas. No ápice da criação encontra-se o ser humano, em cuja complexidade física, emocional, psicológica e espiritual só conseguimos desvendar a existência do mistério.

O esplendor da Criação se revela especialmente quando, num enlevo contemplativo, observamos a perfeição de uma “simples” flor: pétalas simétricas, folhas vivamente verdes, cores matizadas de tons divinos, que o homem não consegue imitar por mais que se esforce. Imersos nessa admiração, essa obra prima se ressignifica. Assim é que nossa alma dela se apropria, não para tocá-la, mas sim para preservá-la como relíquia de inestimável valor. Nossa alma mergulhou em sua essência e dela se apropriou. Ela passou a nos pertencer, assim como nós passamos a pertencer a ela. Perfeitamente integrados na eterna harmonia, desde sempre idealizada por Deus para suas criaturas. Quando sinto encantamento, estou no caminho espiritual. O conceito de mistério antecede o conceito de espírito. O profano é o que está fora da minha alma. Quando torno sagradas as coisas profanas, desaparece o mistério. Deus está no cotidiano. O Deus que eu descubro, esse é o meu Deus.

O que vejo nas pessoas e nas coisas é infinitamente menor do que o que elas realmente são. O reino da espiritualidade é o da descoberta, do encontro consigo mesmo. Viver é descobrir possibilidades. O mundo é inesgotável e quando entro nele estou vivendo a espiritualidade. Quando, porém, adjetivo uma pessoa, coisifico-a, baseado na materialidade dela. No mundo da espiritualidade não adjetivamos nada. Quando aceitamos a diferença dos outros, tornamo-nos iguais a eles. Não existem duas pessoas com uma mesma espiritualidade; existem, isto sim, coisas básicas no Universo, comuns a todos os seres e nós somos uma síntese do Universo, como as flores também o são. A capacidade de cuidar, de se encantar é considerada espiritualidade em qualquer época. Espiritual é aquele que cuida, e cuida a partir do ser do qual está cuidando. Assim, entramos no seu mistério e a espiritualidade nos proporciona uma sensação de completude.

Depressão é a dificuldade de nos movermos no sentido da vida. Recomenda-se ao deprimido voltar para trás, recomeçar, começar tudo de novo. Reverenciar o mistério é uma forma profunda de espiritualidade. Agradecer o mistério que existe em mim é espiritualidade. Deus está em nós, acima de nós, por meio de nós, segundo S. Paulo. Nossas orações são, em geral, de petição, mas a melhor oração é a adoração e a gratidão. Deus é pai e é mãe, apaixonado por nós, suas criaturas.

A verdade é mais ampla do que a certeza e o agradecimento, uma forma de profunda espiritualidade: gratidão pelo ar, pela água, pela luz, pelo sol, por tudo que nos possibilita a vida e a felicidade. O amor se antecede à necessidade do próximo, percebendo-a e predispondo ao cuidado. Podemos responder paradoxalmente, por exemplo, a mãe que se sente ofendida pelo filho percebe que ele tem razão e concorda que é aquilo mesmo. Então, o mistério se desfaz e o encantamento aparece. Quando conseguimos elogiar aquele que está sendo ofendido, ampliamos nossa consciência. Cuidar é enxergar a totalidade, é restituir ao objeto a totalidade dele. Quando atingimos a totalidade, aí acontece o encantamento.

Em Deus, essência e existência se confundem. A presença está em buscar a integralidade. A presença vai além da aparência, ela vê a totalidade e o amor é um grande conceito de espiritualidade. Como sou uma síntese do Universo e não conheço o Universo, pouco conheço a mim mesmo. O Universo e eu somos complementares, partes de uma totalidade. Espiritualidade é um processo de alargamento da consciência. Contemplar é ver as coisas como Deus as vê.

Assim como uma criança faz, Deus contempla o íntimo de suas criaturas. Ele simplesmente as olha e as vê. Dá a ela a dimensão originária para a qual foi criada. Olhar as coisas como Deus olha, isso é espiritualidade. Os animais vivem em harmonia quando estão plenos, ao contrário do ser humano, em cujo reino nem sempre isso acontece. Cada pessoa é um poema esperando para ser escrito e é necessária grande abertura amorosa para que nossa beleza se revele. "Belo é aquilo que, tendo sido visto, agradou.", segundo Aristóteles. A interdependência é outro caminho para a espiritualidade. O que vemos é nada diante da imensidão do Universo. Espiritualidade é um retorno à própria casa. O reino da espiritualidade é o reino do agradecimento.

Sejamos gratos especialmente pelo ar que respiramos. O grande psicólogo e humanista Dr. José Stival dizia que os exercícios de respiração que indicava haviam sido determinantes na recuperação da saúde de um de seus pacientes, que viera do Tocantins ao seu consultório em Brasília em busca da cura da depressão. Até o psicólogo se surpreendeu com o resultado e a todos recomendava cuidado especial com a respiração.

7.5

Espiritualidade e perdão

O caminho de volta ao coração passa obrigatoriamente pelo perdão. O perdão restaura o coração ferido, aplaina as veredas da felicidade, restabelece o amor. "O mais santo de todos os lugares na Terra é aquele onde um antigo ódio veio a ser um amor presente", escreveu Marianne Willianson (2002). O perdão a si mesmo é o primeiro passo, porque o sentimento de culpa é avassalador, infelicita, fragiliza, atenta contra a autoestima e pode instalar doenças psicossomáticas. Quem carrega sentimento de culpa não compreendeu ainda, no profundo de sua alma, o porquê da vinda de Jesus Cristo ao mundo, que se deu exatamente para absorver nossas culpas, absolvendo-nos dos pecados. "Teus pecados te são perdoados. Vá e não peques mais", disse Ele à pecadora pública que se ajoelhara a seus pés, adorando-o.

Em muitas narrações bíblicas podemos perceber, nos caminhos de Jesus, que frequentemente Ele tratava da mesma forma a doença e o pecado. Confirmava, assim, que o pecado está estreitamente ligado aos sentimentos nefastos de raiva, ódio, mágoa, ressentimento, egoísmo e outros. Como já se afirmou "a mente mente, mas o corpo, jamais" e, por isso mesmo, essas emoções, especialmente quando prolongadas, desequilibram o psiquismo e acabam resultando em doença. O budismo tibetano afirma que esses sentimentos perniciosos constituem "o reino dos infernos". E os bons, como amor, compaixão, compreensão, carinho, caridade etc, representam o reino dos Céus. Pelo menos no âmbito de nosso convívio na terra é fácil comprovar que é isso mesmo.

O perdão deve ser visto como prioridade, porque dele depende nosso bem-estar, saúde e felicidade. Vale a pena nos dedicarmos com afinco ao seu estudo e prática, perquirindo as causas dos males que nos afligem, para neutralizá-las com o perdão, erradicando, assim, de nossa existência, aqueles venenos mentais, o que equivale a purificar o coração. Robert DeGrandis e Pe. Leo (2004), dedicaram muitas de suas obras a esse tema, assim como Inácio Larranhaga. Na Colômbia surgiram as Escolas de Perdão e Reconciliação, atendendo à necessidade de apaziguar a sociedade colombiana face aos conflitos internos do país. Esse movimento, encampado pela UNESCO, é de tamanho alcance social que está se espalhando por diversos países da Europa, Oriente Médio, África e Américas: Espanha, Itália, Israel, Senegal, África do Sul, Estados Unidos, Canadá, México, Venezuela, Argentina, República Dominicana, Uruguai, Equador e Bolívia. No Brasil, já está presente em Minas Gerais, Bahia, Maranhão, Pará, São Paulo, Rio de Janeiro e Distrito Federal.

7.6

Gandhi e a oração

Mohandas Karamchand Gandhi, O Mahtma Gandhi, referido na séria *Personagens que Marcaram Época*, Biblioteca Época (2006, p. 106) e na Internet, líder indiano que deixou ao mundo profunda lição de resistência pacífica em sua luta não-violenta para libertar a Índia do domínio inglês, afirmou, sobre a oração:

> A oração é a substância da religião. Rezar não é pedir. Rezar é a respiração da alma. A oração é a chave que abre a porta da manhã e que fecha a da noite. Só de Deus, por meio da razão, nos vem toda a força. Rezar é ser UM com Deus. Súplicas, adoração, oração, não são superstição. São atos mais reais que o comer, o beber, o repousar ou o caminhar. Não é exagero dizer que eles são atos reais e que os demais são atos irreais. A oração não é um passatempo ocioso de velhinhas. Entendida no seu valor, e usada justamente, é o meio mais potente de ação... A oração requer, sem dúvida, uma fé viva em Deus. A fé nasce na calma do espírito, na contemplação e no trabalho. Rezemos!

Eu gostaria de ver todos os homens unidos pelo fio de seda do amor e da oração. A oração não é dirigida a Deus apenas para invocar sua ajuda. É também louvor, glorificação, ato de purificação... A oração deve ajudar-nos a realizar a pureza interior e infundi-la em toda sociedade. É preciso apresentar-se a Deus com as mãos vazias e uma atitude de completo abandono. É mais importante pôr na oração o próprio coração que dizer palavras sem coração. Sem a oração não temos consciência da nossa fraqueza. Ninguém pode sentir-se deslocado na oração pública. O homem é um ser social. Come, trabalha, se diverte em público. E por que não rezar? Há na oração alguma coisa que não possa ser dita em público?

A oração salvou a minha vida. Sem a oração teria ficado muito tempo sem fé. Ela salvou-me do desespero. Com o tempo a minha fé aumentou e a necessidade de rezar tornou-se irresistível... A minha paz muitas vezes causa inveja. Ela vem-me da oração. Eu não sou um homem de ciência, mas creio, com toda a humanidade, ser um homem de oração. Como o corpo se não for lavado fica sujo, assim também a alma sem oração se torna impura.

(Fontes: p. 110 da obra citada e Internet).

7.7

Deus

A noção de que existe um Ser superior é inata em todo vivente. A ideia da existência de Deus está presente no pensamento humano desde a Antiguidade, como se constatou em estudos levados a efeito em tribos de tempos primitivos. Todos os povos adoraram uma divindade. Porém, embora Deus tenha sido sempre o mesmo, a maneira como o homem o via foi mudando ao longo da história. À proporção que as civilizações foram crescendo em moral e conhecimento, o conceito sobre Deus foi igualmente evoluindo.

No politeísmo, em que havia estranhas formas de exteriorização do culto, os povos primitivos adoravam como divindade a todo poder que lhes parecesse acima do deles. Assim, prestavam reverência às forças da natureza, como o trovão, o sol, a lua etc, porque não entendiam esses fenômenos. Ofereciam-lhes sacrifícios para aplacar a ira de tais elementos. Havia os deuses do bem e os deuses do mal, e eles ficavam divididos entre a adoração dos ídolos e o temor. Houve, portanto, a fase da idolatria, da fitolatria e da zoolatria. Depois veio a fase da mitologia, com o início do antropomorfismo, em que o homem passa a se adorar e projeta a personalidade humana na própria divindade, transpondo a figura humana para coisas inanimadas, vitalizando-as. Passa, então, a transferir para a divindade suas qualidades e seus defeitos.

Com o surgimento do monoteísmo entre os judeus, Deus é visto como um ser com sentimentos e defeitos dos homens, vingativo, que se arrepende de seus atos, parcial, punitivo, idoso, severo e implacável. A vinda de Jesus Cristo ao mundo corrigiu essa distorção. Ele expôs a realidade da existência de um Deus justo e bom, o Deus pai, pleno de sabedoria e amor. Na Idade Média, porém, ocorreu um retrocesso relativamente à ideia sobre o Deus verdadeiro revelado por Jesus, quando voltou a ser deturpada, passando o Criador a ser visto novamente como perseguidor e punitivo. Com a Reforma Protestante, o homem começa a ver Deus como um ser contrário à intolerância religiosa. Nos dias de hoje, a crença em Deus se manifesta de diversas formas, dada a grande diversificação de religiões, culturas, seitas, crenças, estágios intelectuais e morais do ser humano. Mas parece caminhar, novamente, para a visão real de um Deus-pai, bom, compreensivo e misericordioso, como referido por Jesus: "abba, pai" ou, paizinho.

Deus se experimenta pela fé. Não se prova. Daí porque a experiência de Deus em cada um é única; temos maneiras múltiplas de sentir Deus, pois os pontos de vista são diferentes e depende do nosso estado de consciência. Quer acreditemos, quer não, Deus existe e vai existir do mesmo jeito. Mas, acreditando, nossa fé se constituirá na alavanca que nos fará acreditar mais em nós mesmos, na nossa dignidade de filhos queridos de um Pai amoroso e compassivo. Essa compreensão abre o caminho para a conquista do bem-estar, da paz e da sonhada serenidade. Se tivermos fé em nós mesmos, faremos muito mais; se, além disso, tivermos fé em Deus, evidente que faremos mais ainda. Impregnados de fé, percebemos que nada é impossível, por mais difícil que pareça. "A fé move montanhas", sintetizou Jesus. A fé consiste em acreditar e sentir, o que gerará uma força grandiosa para vencermos os obstáculos que se apresentam continuamente.

Bastaria o bom-senso para nos convencermos da existência de Deus, quer por meio da razão, quer por meio dos sentimentos, ou de ambos. Pelos sentimentos, percebemos que a ideia de Deus, inata no ser humano, é universal e, por isso, não pode ser um produto de ensinamentos. Manifestou-se em todas as épocas da Humanidade, eis que jamais houve qualquer civilização que deixou de acreditar na existência de um ser supremo. Se a crença em Deus fosse produto de aprendizagem ou cultura, haveria sociedades ateias, o que nunca foi registrado.

Pelo intelecto, vemos que não há causa sem efeito. O poder de uma inteligência se julga pelas suas obras. Não é necessário que vejamos uma coisa para saber que ela existe, obviamente. Tudo que existe tem uma causa, e o efeito jamais é superior à causa. Todo efeito inteligente tem uma causa inteligente. Deus se revela por meio de suas obras. Observando o mundo que o cerca, o homem pôde deduzir pela razão que aquilo que o criou deve ser inteligente e superior a tudo o que vislumbramos. A existência do Universo e a harmonia das leis que o regem são resultantes de uma causa. Não se pode atribuir a formação primária das coisas às propriedades íntimas da matéria, pois isso significaria tomar o efeito pela causa. Essas propriedades são, em si mesmas, um efeito, e por isso devem ter uma causa.

Para crer em Deus, basta olhar para as obras da criação. Toda a perfeição e harmonia da natureza só pode ser criação de um ser Supremo. O acaso é cego, e se ele fosse causa de tudo, não haveria harmonia no Universo. Imutável, eterno, único, imaterial, onipotente, soberanamente justo e bom, são atributos de Deus, mas qualquer enumeração que se atinja jamais poderá exaurir as qualidades do Eterno, que é perfeito.

Deus é amor. Quando percebemos essa realidade nossos olhos brilham mais e, aí sim, navegamos por águas tranquilas para tentar explicar o sentido da unidade ou integralidade de Deus. Essa constatação pode resumir tudo, porque o amor é a maior fonte de cura, de libertação, de bem-estar, de tudo que existe de digno, bom, compassivo, infinitamente acolhedor e harmonioso. Toda a inteligência e todos os sentimentos capazes de nos fazer descansar como bebezinhos inocentes no colo do Pai/Mãe extremado e zeloso pela sua criação, seus filhos, que Ele de forma alguma quer perder, mas, ao contrário, prestigia, valoriza e ama ternamente.

Nós estamos em Deus e Ele em nós. Não existe dicotomia, separação, mas sim proporção, a qual se pode compreender diante desta metáfora: "Qualquer homem pode contar as sementes de uma maçã, mas só Deus pode contar as maçãs de uma semente."

7.8

Um encontro santo

Quando nos encontrarmos com alguém, devemos nos lembrar de que é um encontro santo, porque Deus está nele, assim como está em nós. Portanto, o bem que vemos nele pode ser o bem que estamos vendo em nós mesmos. Com o mal ocorre o mesmo fenômeno. O psiquiatra Adalberto Barreto, da Universidade Federal do Ceará, insiste em que só *reconhecemos* o que conhecemos. Confirmando esse fato, observamos que a criancinha inocente não julga quem quer que seja. Ela não conhece o mal. Daí o conselho do Mestre Jesus: não julgueis para não serdes julgados. Não somos seres terrenos passando por uma experiência espiritual, mas sim seres espirituais passando por uma experiência terrena. Somos, portanto, seres de valor transcendental e infinito, filhos queridos de Deus. Valorizemo-nos, assim como o Criador nos valoriza.

Por outro lado, Jesus Cristo recomendou que, quando fizéssemos uma festa, convidássemos os pequenos, os coxos, os pobres e desvalidos. Tenho seguido esse lema em minha vida e isso tem sido fonte de grande alegria. A gratidão que vejo estampada no rosto dessas pessoas humildes, a consideração, o sorriso que me devolvem, são verdadeiros alimentos para o espírito. Jardineiros, pedreiros, garis, servidores de café, guardadores de veículos, limpadores de banheiro, trabalhadores avulsos... Quanta riqueza há nessas pessoas. Isso é evidente, porque Deus está dentro delas tanto quanto está dentro de cada um de nós. Quando as tratamos com consideração e carinho seus espíritos ficam em festa. Festa que é nossa também porque dela participamos e nos alegramos no reflexo do grande espelho da vida.

Com isso, podemos constatar, na prática, a sábia afirmativa: "Quanto mais me aproximo dos grandes homens, mais percebo que não são tão grandes assim" (pelo menos no sentido em que são considerados grandes). Poderemos, também, aduzir: "quanto mais me aproximo dos pequenos homens, mais percebo que não são tão pequenos assim".

7.9

O maior amor do mundo

No livro *O primeiro amor do mundo*, escrito pelo comunicador religioso norte-americano Fulton Sheen, é dedicado um capítulo inteiro ao estudo de como Maria, a mãe de Jesus Cristo, é vista pelos muçulmanos. Esclarece que o Islã é a única grande religião do mundo fundada depois de Cristo (ano 620), daí porque foi possível a Maomé, seu fundador, aproveitar alguns elementos do cristianismo, assim como do judaísmo.

Maomé, em contato com cristãos e judeus, ficou vivamente impressionado com a doutrina da "unidade de Deus". O dogma das três pessoas em uma só (Pai, Filho e Espírito Santo), a "unicidade" de Deus, entretanto, de difícil entendimento e só apreendida por meio da fé, resultou na sua não aceitação de Jesus Cristo como Filho divino de Deus Pai. Trata-se do mistério da Santíssima Trindade, revelado por Jesus: "Ninguém conhece o Filho a não ser o Pai; e ninguém conhece o Pai a não ser o Filho e aquele a quem o Filho o quiser revelar." (Mt. 11, 27). Daí a dificuldade de um muçulmano converter-se ao cristianismo, apesar de reconhecer Maria como Mãe de Jesus.

O *Corão* inclui também a crença na Imaculada Conceição de Maria, assim como em seu nascimento virginal. Por isso, os islamitas têm verdadeira veneração para com a Virgem Maria. Aí reside, portanto, um ponto comum entre nós, cristãos, e os islamitas. Diz também o *Corão*, no verso 42, que os anjos saudaram Maria e lhe disseram:

— Ó Maria, Deus te escolheu, e te purificou, e te exaltou acima das mulheres dos mundos.

Fulton Sheen esclarece, ainda, que para os muçulmanos, a verdadeira **Sayyda,** ou Senhora, é Maria. E para eles, a única mulher que poderia fazer-lhe concorrência seria Fátima, a própria filha de Maomé. No entanto, uma tradição islâmica mostra Maomé, depois da morte de sua filha, exclamando: "Tu serás a mais santa de todas as mulheres no Paraíso, **depois de Maria**". Além disso, no cap. XIX do *Corão,* há 41 versículos sobre Jesus e Maria.

Esses estudos nos levam a meditar sobre o quanto é importante que a Virgem Maria tenha aparecido pela primeira vez exatamente em Fátima, lugar que teria recebido esse nome em homenagem à filha de Maomé, segundo a história. Seria uma forma de atrair nossos irmãos islamitas? Em qualquer hipótese, certamente é uma comprovação de que Maria é a Mãe da Humanidade.

7.10

Retrato falado de Jesus

Não se sabe ao certo se é lenda ou realidade. Mas é um texto tão belo e profundo que vale a pena transcrevê-lo. Trata-se do "Retrato falado de Jesus" e teria sido escrito pelo Senador Públius Lentulus, então Governador da Judeia, em carta dirigida ao imperador romano Tibério César:

> Sabendo que desejas conhecer o quanto vou narrar, existindo nos nossos tempos um homem, o qual vive atualmente de grandes virtudes, chamado Jesus, que pelo povo é apontado como o profeta da verdade, e os seus discípulos dizem que é o Filho de Deus, criador do céu e da terra e de todas as coisas que nela se acham e que nela tenham estado; em verdade, ó César, cada dia se ouvem coisas maravilhosas desse Jesus: ressuscita os mortos, cura os enfermos, em uma só palavra - é um homem de justa estatura e muito belo no seu aspecto, e há tanta majestade no seu rosto, que aqueles que o veem são forçados a amá-lo ou temê-lo. Tem os cabelos da cor da amêndoa bem madura, são distendidos até

às orelhas, e das orelhas até as espáduas, são da cor da terra, porém mais reluzentes.

Tem no meio de sua fronte uma linha separando os cabelos, na forma em uso nos nazarenos, o seu rosto é cheio, o aspecto é muito sereno, nenhuma ruga ou mancha se vê em sua face de uma cor moderada; o nariz e a boca são irrepreensíveis.

A barba é espessa, mas semelhante aos cabelos, não muito longa, mas separada pelo meio, seu olhar é muito formoso e austero; tem os olhos expressivos e claros, o que surpreende é que resplandecem no seu rosto como os raios do sol, porém ninguém pode olhar fixo o seu semblante, porque quando repreende apavora, e quando abranda, faz chorar; faz-se amar e é alegre com serenidade.

...Tem os braços e as mãos muito belos; na palavra, contenta muito e, quando dele alguém se aproxima, verifica que é muito modesto na presença e na pessoa. É o mais belo homem que se possa imaginar, muito semelhante à sua mãe, a qual é de uma rara beleza, não se tendo, jamais, visto por estas partes uma mulher tão bela, porém, se a Majestade Tua, ó César, deseja vê-lo, como no aviso passado escreveste, dá-me ordens, que não faltarei de mandá-lo o mais depressa possível.

De letras, faz-se admirar de toda a cidade de Jerusalém; Ele sabe todas as ciências e nunca estudou nada. Ele caminha descalço e sem coisa alguma na cabeça. Muitos se riem, vendo-o assim, porém em sua presença, falando com ele, tremem e admiram.

Dizem que um tal homem nunca fora ouvido por estas partes. Em verdade, segundo me dizem os hebreus, não se ouviram, jamais, tais conselhos, de tão grande doutrina, como ensina esse Jesus; muitos judeus o têm como Divino e muitos me querelam, afirmando que é contra a lei de Tua Majestade; Eu sou grandemente molestado por estes malignos hebreus.

Diz-se que este Jesus nunca fez mal a quem quer que seja, mas ao contrário, aqueles que o conhecem e com ele têm convivido, afirmam ter dele recebido grandes benefícios e saúde, porém à tua obediência estou prontíssimo, aquilo que Tua Majestade ordenar será cumprido.

Vale, da Majestade Tua, fidelíssimo e obrigadíssimo...
Públius Lentulus,
Governador da Judeia.

(Fonte: Internet).

7.11

Jesus, homem e Deus

O Homem de Nazaré veio ao nosso Planeta para esclarecer que o Criador é um Ser bom, compreensivo, amoroso e compassivo, repleto de amor por sua criatura, em especial pelo ser humano, feito à sua imagem e semelhança. No tocante à espiritualidade, nada nos cabe comentar quanto a Jesus, porque ele, sendo Deus, é a própria espiritualidade em plenitude. O mesmo não aconteceu, entretanto, quanto à condição humana em que quis vir ao mundo. Por isso, ele precisava de saúde plena, tanto física quanto emocional e mental, para poder cumprir sua missão. O médico psiquiatra Augusto Cury (2000), enumera, a título de resumo, as características que observou em seus estudos sobre o Mestre Jesus:

1. Protegia sua emoção diante dos focos de tensão;
2. Filtrava os estímulos estressantes;
3. Não fazia de sua memória uma lata de lixo das misérias existenciais;
4. Não gravitava em torno das ofensas e rejeições sociais;

5. Pensava antes de agir;
6. Era convicto no que pensava e gentil na maneira de expor seus pensamentos;
7. Transferia a responsabilidade de crer nas suas palavras e segui-lo aos seus próprios ouvintes;
8. Vivia a arte do perdão. Podia retornar o diálogo a qualquer momento com as pessoas que o frustravam;
9. Era um investidor em sabedoria diante dos invernos da vida. Fazia das suas dores uma poesia;
10. Não fugia dos seus sofrimentos, mas os enfrentava com lucidez e dignidade;
11. Quanto mais sofria, mais alto sonhava;
12. Não reclamava, nem murmurava. Supervalorizava o que tinha e não o que não tinha;
13. Gerenciava com liberdade seus pensamentos. As ideias negativas não ditavam ordem em sua mente;
14. Era um agente modificador de sua história, e não vítima dela;
15. Não sofria por antecipação;
16. Rompia todo cárcere intelectual. Era flexível, solidário e compreensível;
17. Brilhava no seu raciocínio, pois abria as janelas da sua memória e pensava em todas as possibilidades;
18. Contemplava o belo nos pequenos eventos da vida;
19. Não gravitava em torno da fama e jamais perdia o contato com as coisas simples;
20. Vivia cada minuto da vida com intensidade. Não havia nele sombra de tédio, rotina, mesmice e angústia existencial;
21. Era sociável, agradável, relaxante. Estar ao seu lado era uma aventura contagiante e estimulante;

22. Vivia a arte da autenticidade;
23. Sabia compartilhar seus sentimentos e falar de si mesmo;
24. Vivia a arte da motivação. Conseguia erguer os olhos e ver as flores antes que as sementes tivessem brotado, antes do cair das primeiras chuvas;
25. Não esperava muito das pessoas que o rodeavam, nem das mais íntimas, embora se doasse intensamente por elas;
26. Tinha enorme paciência para ensinar e não vivia em função dos erros dos seus discípulos;
27. Nunca desistia de alguém, embora as pessoas pudessem desistir dele;
28. Tinha enorme capacidade para encorajar as pessoas, ainda que fosse com um olhar. Usava os seus erros como adubo da maturidade, e não como objeto de punição;
29. Sabia estimular a inteligência das pessoas e conduzilas a pensar em outras possibilidades;
30. Conseguia ouvir o que as palavras não diziam e ver o que as imagens não revelavam;
31. A ninguém considerava seu inimigo, embora alguns o considerassem uma ameaça para a sociedade;
32. Conseguia amar com um amor incondicional, um amor que ultrapassava a lógica do retorno;

Reiteramos, entretanto, que a principal característica de Jesus foi e é, obviamente, a espiritualidade, que Ele viveu e pregou intensamente, quando de sua rápida passagem pela Terra, para que todos compreendessem o anúncio da boa nova: a vida eterna para quem Nele crê.

Conclusão

O mundo moderno, conquanto ainda mergulhado, em grande parte, no capitalismo desumano e alienante, vai se conscientizando da necessidade de voltar-se para os valores maiores: viver o momento presente, cultivar a esperança, acalmar-se, relaxar, meditar, observar, admirar e respeitar o próximo e a Natureza; praticar a compaixão, o perdão e o amor incondicional, espiritualizar-se, em resumo. Até porque somos integrantes da Mãe-terra e do Cosmo, que têm todas as lições para nos ensinar. Assim é que adquirem significado ainda maior as palavras poéticas de Almir Sater e Renato Teixeira na música-poema "Tocando em frente":

> Ando devagar, porque já tive pressa.
> Levo este sorriso porque já chorei demais
> Hoje me sinto mais forte, mais feliz quem sabe.
> Só levo a certeza de que muito pouco eu sei.
> Eu nada sei...

É preciso amor pra poder pulsar,
É preciso paz pra poder sorrir,
É preciso chuva para florir.
Penso que cumprir a vida seja simplesmente compreender a marcha e ir tocando em frente.
Cada um de nós compõe a sua história.
Cada ser carrega em si o dom de ser capaz de ser feliz...

Quando encontramos com alguém, devemos nos lembrar de que se trata de um encontro santo, porque Deus está tanto nele quanto em nós. Então, o bem que vemos no próximo pode ser o bem que estamos vendo em nós mesmos. Com o mal ocorre o mesmo fenômeno. O psiquiatra Adalberto Barreto (2005), da Universidade Federal do Ceará, insiste em que só *reconhecemos* o que conhecemos. Confirmando esse fato, observamos que a criancinha inocente não julga. Ela não conhece o mal. Daí o conselho do Mestre Jesus: não julgueis para não serdes julgados.

Não devemos julgar quem quer que seja. Não se trata apenas de recomendação da Bíblia Sagrada, mas também da Psicologia. Porque, quando criticamos, julgamos, menosprezamos ou somos preconceituosos com alguém, estamos, em geral, projetando nele algum aspecto nosso; e o pior, trata-se de aspecto de que não gostamos e que condenamos em nós mesmos. Cabe-nos, portanto, observar esses impulsos que nos fustigam, verificando, assim, o que *em nós* merece cuidado urgente.

O mesmo acontece com a maledicência. Quando a praticamos contra os outros deixamos de ser pessoas confiáveis, mostrando também que nosso patamar de autoestima não está satisfatorio, porque a crítica significa, geralmente, inveja ou ressentimento. A pior das maledicências, entretanto, é aquela que praticamos contra nós mesmos, por meio de pensamentos, tantas vezes repetidos, que nos desvalorizam e nos fazem crer sermos inferiores aos outros.

Esses vícios resultam do desconhecimento de que somos feitos à imagem e semelhança de Deus. Temos natureza real e essência luminosa e incorruptível tanto quanto nossos irmãos. O apóstolo Paulo nos conclama a cultivar o amor, acima de tudo, afirmando que sem amor nada somos. De fato, o amor é a alavanca propulsora de todo o bem que se pratica, a todo instante e em todos os quadrantes do Universo.

A consciência da realidade de que dentro de nós se encontram todas as riquezas e potencialidades abre a visão de que temos também em nosso interior os meios necessários (ditados pelo próprio Criador, via inteligência, intuição e *insights*) para concretizar o retorno ao coração, ou seja, retorno ao amor.

Só o amor salvará o mundo.

Referências Bibliográficas

ANDREWS, S. *Stress a seu favor.* São Paulo: Agora, 2003.

AVELINE, C. *O poder da Sabedoria.* Brasília: Teosófica, 1998.

_____ *Três Caminhos para a Paz Interior*. Brasília: Teosófica, 2002.

BAKER, M.W. *Jesus, o maior psicólogo que já existiu*. Rio de Janeiro: Sextante, 2005.

BARRETO, A. *Terapia Comunitária*. Fortaleza: LCR, 2005.

BOFF, L. E*spiritualidade*. Rio de Janeiro: Sextante, 2001.

BRANDEN, N. *Autoestima*. São Paulo: Saraiva, 1997.

CASTANEDA, C. Apud DELMANTO, C. *CP Comentado*. São Paulo: Renovar, 1991.

COHEN, M. *Personagens que marcaram*. Rio de Janeiro: Globo, 2006.

CURY, A. *Treinando a emoção para ser feliz*. São Paulo: Ac. de Inteligência, 2007.

_____ O *Mestre do Amor.* Colina: Academia de Inteligência, 2000a.

_____ *O Mestre da sensibilidade.* Colina: Academia de Inteligência, 2000b.

_____ *Inteligência multifocal.* Colina: Academia de Inteligência, 1998.

_____ A ditadura da beleza. Rio de Janeiro, Sextante, 2005.

CUTLER, H. e DALAI LAMA. *A arte da felicidade.* São Paulo: Martins Fontes, 2000.

DAHLKE, R.& TETHIEFSEN, T. *A Doença como Caminho.* São Paulo: Cultrix, 1983.

DAMASIO, A. *O erro de Descartes.* São Paulo: Companhia das Letras, 2003.

EXUPÈRY, A. *O pequeno príncipe.* Rio de Janeiro: Agir, 2006.

FRANÇA, N. M., HAROLDO R. *Relaxe e viva feliz.* Loyola, 1996.

FORTE, C. *Conversando com Carlos Castaneda.* Rio de Janeiro: Record, 1991.

GHANDI. *Personagens que marcaram época.* Rio de Janeiro: Globo, 2006.

GOSWAMI, A. *O universo autoconsciente.* Rio de Janeiro: Rosa dos tempos 1998.

LEIVA, A. *Lições para uma vida despreocupada e feliz.* Petrópolis: Vozes, 2000.

_____ *Vivendo no amor.* Petrópolis: Ed. Vozes, 2002.

LELOUP, J. Y. *O corpo e seus símbolos*. Petrópolis: Vozes, 2002.

LELOUP, J.Y. & Boff, L. *Terapeutas do Deserto*. Petrópolis: Vozes, 2000.

_____ *Cuidar do Ser*. Petrópolis: Vozes, 2006.

_____ *Deus*. Seminários UNIPAZ. Brasília: 2004.

_____ *A dama e o unicórnio*. Seminário UNIPAZ. Brasília: 2004.

LEO, Pe. *A Cura do Ressentimento*. São Paulo: Ed. Loyola, 2004.

MELLO, A. *O canto do pássaro*. São Paulo: Ed. Loyola, 1993.

MITRA, D. *O que há de errado em comer carne?*. São Paulo: Ananda Magra, 1998.

PINHEIRO, G.A. *Foi assim*... Brasília: Ed. Thesaurus, 2006.

RODRIGUES, W.L.V. *E, para o resto da vida*. Matão: Casa Editora "O Clarim", 1079.

SEAGEL, B.S. *Amor, medicina e milagres*. Rio de Janeiro: Editora Best Seller, 1989.

SPOTO, D. *Francisco de Assis, o Santo relutante*. Rio de Janeiro. Objetiva, 2003.

TOLLE, E. *O Poder do Agora*. Rio de Janeiro: Sextante, 2003.

WEIL, P. *A Arte de Viver a Vida*. Brasília: Letrativa Editorial, 2004.

WILLIANSON, M. *Um retorno ao amor*. Rio de Janeiro: Best Seller, 2002.

Sobre o autor

Antônio Balsalobre Leiva é Advogado (Assessor Jurídico da Presidência do Banco do Brasil aposentado e ex-Adjunto do Procurador-Geral da União); Professor universitário; Pós-graduado em Excelência Humana, pela UNIPAZ; Terapeuta Comunitário, pela Universidade Federal do Ceará; Instrutor na área de Relações Humanas. Outras formações: Dale Carnegie Strategic Presentations (1994) e Strategic Presentation (1997); Curso de Locução de Rádio e TV IPEP; Curso de Biopsicologia, com Susan Andrews; Curso "A Arte do Clown", com a Professora Antônia Vilarinho (Doutores do Riso - Unicamp); Seminários "Temas de saúde mental", com a professora Henriqueta Camararotti; Curso de Autoestima (Cuidando do cuidador), com o Prof. Adalberto Barreto, da Universidade Federal do Ceará; Seminário de Introdução à Análise Transacional, com a Professora Mirian Cibreiros; Silva Mind Control; Fórum Brasileiro de Arteterapia, no Instituto Mauá de Pesquisa e Educação; Curso de Perdão e Reconciliação — Espere —, no Centro Cultural de

Brasília; Seminário "Dimensões da Cura Sagrada", com Stanley Krippner; Seminário "Deus", com Jean-Yves Leloup; Seminário de "Ecologia Médica".

Livros publicados (Pela Editora Vozes): *Lições para uma vida despreocupada e feliz* e *Vivendo no amor*. Artigos publicados: "Justiça e Caridade", Revista Leditathi (Belo Horizonte); "O Álcool domina as estradas", Jornal Correio Braziliense; No Jornal do Pai Nosso: Um lugar onde só existe amor; Os anjos existem; Coincidência ou milagre? Lágrimas que se transformam em flores; Sem fronteiras para amar: Natal, um hino de amor à vida; Eu vim para servir; Ressurreição; Em nome do Pai; Com um olhar Ele abraçou o mundo: Águas da vida; Pai, quanto vale seu tempo?: O saber do coração; O reencontro com a paz; Temor ou Ter Amor; Adeus ao ressentimento; Palavras devem ser expressão de amor; A árvore da vida; Anjos de ternura; A humanização do mundo; Observando os campos do Senhor; Abba Pai; Do tamanho de um grão de mostarda; Em nome do filho; O eterno Natal e outros. Artigos jurídicos publicados nos jornais "O Estado de São Paulo"; Correio Braziliense e Tribuna; e nas revistas Consulex e LTr.

Além disso, proferiu palestras sobre Relações Humanas, Motivação, Vocação, Perdão etc. nos seguintes locais: FNAC (Rio, São Paulo, Campinas e Brasília); UNISUL – Universidade do Sul de Santa Catarina; Ministério da Educação; Ministério da Fazenda; FNDE, AGU, PGU, Paulus; UNICESP; Colégio Militar de Brasília; Curso Objetivo (Brasília); GDF Infância e da Juventude; Encontro de Casais com Cristo (por duas vezes); Secretaria da Cultura de Marília-SP; Peruíbe-SP e Arraias (TO); na ABRH; na Universidade nacional de Brasília (para alunos do Curso de Psicologia; outra no Instituto de Psicologia e a terceira sobre Terapia Comunitária); duas palestras gravadas no auditório Zumbi dos Palmares, da Câmara dos Deputados e transmitidas dezenas de vezes para todo o Brasil, a pedido dos telespectadores, pela TV Câmara.

Contatos com o autor:
antonioleiva@terra.com.br

Em apoio à sustentabilidade à preservação ambiental, a LGE Editora declara que este livro foi impresso com papel produzido de florestas cultivadas em áreas não degradadas e que é inteiramente reciclável.